瞿秀蘭著

文學叢刊

閒看花開花落

文史哲出版社印行

國家圖書館出版品預行編目資料

閒看花開花落 / 瞿秀蘭著. -- 初版.-- 臺北市：文史哲, 民 99.02
頁 ： 公分. --（文學叢刊；232）
ISBN 978-957-549-886-3 (平裝)

855　　　　99002789

文學叢刊 232

閒看花開花落

著者：瞿秀蘭
出版者：文史哲出版社
http://www.lapen.com.tw
e-mail：lapen@ms74.hinet.net
記證字號：行政院新聞局版臺業字五三三七號
發行人：彭正雄
發行所：文史哲出版社
印刷者：文史哲出版社
臺北市羅斯福路一段七十二巷四號
郵政劃撥帳號：一六一八〇一七五
電話886-2-23511028 · 傳真886-2-23965656

實價新臺幣三二〇元

中華民國九十九年（2010）二月初版

ISBN 978-957-549-886-3　　08232

王更生教授序

我最不能忘記的，是我小學畢業投考初中時的作文題：《歷盡艱難好做人》；這七個字刻骨銘心的伴隨我走上人生的旅程。每當自己面對生命變化的時候，就讓我想起這句像晨鐘暮鼓般的警語。

瞿秀蘭女士近著《閒看花開花落》。書分八大單元，一百六十短篇。這八個單元的文章，絕對是長短隨意，詩文兼收；既不講究結構布局，也不刻意塗脂巧飾。在她大筆揮灑下，更是古今雜糅，文白並陳；並採當前流行的「部落格」形式，呈現了她多采多姿，博學練達的光環。正所謂「好鳥枝頭亦朋友，落花水面皆文章」，真是「別樹一格」的作品。

這裡面有她的「心靈漫步」「生命之旅」「生活剪影」「莫非自然」的偶拾，「同聲相應」的回響，「課後餘韻」的寄託和她自出機杼的「一管之見」……。總而言之，凡是經她目之所見、耳之所聞、身之所觸、心之所感；或顯言、或暗示；遠涉國外，近及周遭，凡平居未與外人道，而有銘刻肺腑之人、之事、之地、之物者，皆一一用她那慧心巧思，出而宣之於「部落格」中。

過去仲尼孔氏與門弟子周遊列國，當時或絕糧而被困於陳蔡之間，或與弟子論學於講壇之上，或奇人異士、騷人墨客、問道的高賢、荷蓧的隱者，以及楚狂偶耕之士、隨世浮沉之徒，不期相遇於蒼茫人海者，不知凡幾。後歸而與其徒各就所知，整理歸納，成《論語》二十篇。

夫古之所謂《論語》者，究其成書過程與今之「部落格」何異！至於六朝的《世說》，宋代以下的「詩話」「筆記」「語錄」等，又無一不是自由生發、旁涉物我，與「部落格」更是異代同調。

秀蘭女士向以勤懇持身、熱情教育爲務，其一生歷經辛苦，但秉持做人的原則，始終寬以待人，嚴以自勵，故其一旦發爲文章，即能一空依傍，汩汩然如肺腑中流出。她雖不以作家名世，信其必以著作傳遠而不朽也。

我很少爲人作序，但所以爲秀蘭女士的大作寫序者，因爲其書內容無一處不是人真、情真、事真，而又以「部落格」的形式出之，故讀其書如見其人，如聞其聲，有「歷盡艱難好做人」之感。是以樂序其書而願爲知音者道也。是爲序。

王更生 序於台北市和平東路寓所

民國九十九年一月十四日午後三時

游經祥老師序

一本「用生命書寫生命，用生命展現生命，用生命實踐生命」的好書，將是展現無窮價值的寶典。文學的書最讓我感動是瞿姐所寫的書，由尺素寸心，到腳力已盡山更美，到心痕履影，一直到即將出爐的新書，我一一拜讀過。

與瞿姐認識十幾年，也在同一辦公室十幾年，常常與瞿姐探討人生的無常問題與生命中所遇到的困境。瞿姐每每從日常之中，隨手拈來即見生命問題的解決之道，也讓我見到生命的光明本質。瞿姐時常撥開我生命中之謎霧，使我又見到生命中的另一個世外桃源；有時爲我洞察生命的盲點，讓我再次展現我生命的風華。瞿姐對人間時事的關心與覺察，對教育的關愛與執著，對學生的付出與引導，對周遭環境的所感所發，可說是無微不致。瞿姐在在是寫姐所觀，寫姐所感，寫姐所悟，這就是瞿姐純真不已的自然流露，這是何等的珍貴！何等的真實！何等的無價！

常常見到瞿姐用生命書寫生命！用生命展現生命！用生命實踐生命！在其心中早已無得無失，如此美善之生命，令我讚歎：人間稀有！人生難遇！詩經云：「知我者，謂我心憂！不知我者，謂我何求！」我知道瞿姐已無所求，只是想將生命中的點滴感想，分享給有緣讀者。讓有緣讀者能從書中的話語裡，體會到生命的價值，進而走出迷惘的道路，平撫無助的心靈。瞿姐所憂者，乃天地有情萬物之苦楚也。因此，她願將其生命所走過的經歷與辛酸，不吝惜地將生命中所實踐的過程，全盤呈現在有緣者的眼前，其無所求之心，格感日月。我認為人活著就是為了寫生命的樂章，瞿姐的書就是用生命書寫生命，用生命展現生命，用生命實踐生命的珍貴好書。有心探求生命的價值、生命的成長與生命的安頓者，此書不可不讀。

孟子云：「生死事大。」生命的價值與意義是人生的重要課題，生命的展現是多層次的宇宙與人生，有的人生命無奈，有的人生命痛苦，有的人生命自在，有的人生命快樂，有的人生命窮困，在這生命萬象的變化之中，主宰者就是我們自己。瞿姐的書可以成為幫助我們主宰自我生命的指南與精神糧食。

在瞿姐的身上，我看到生命實踐的勇者，也看到生命體現的堅毅者，也看到生命發光的無私者，更看到歷經生命焠鍊的大智者，這種種的精神，就在書中隨緣心靈感受的抒發看到，就在書中教育點滴的見解中看到，就在書中師生互動的情誼中看到，就在書中心性的刻畫中看到；在在展現瞿姐對生命深刻的體認與透視，也將生命的價值展現昇華，引領著有緣讀者的生命向上提升，也進一步提昇豐富他人生命的功力，更發揮擴展無窮生命之範疇，使每位有緣讀者，在這生命的交會之中發光發熱。

瞿姐的書特質許多，是有緣讀者的精神糧食，是迷失者的提振良方，是失落者的療傷寶鑑。她對生命的多元見解，對生命的多面向闡述，其文詞之優美，其絲絲之扣人心弦，一切都是自然而然發於真切至誠。因此，本書之真正價值在於「無思無為」的真心流露，本書之真正美善在於「自然而然」的生命展現，我在本書中學習到的最大收穫就是：深刻看到生命的「無思無為」與生命「自然而然」的共鳴樂章。

二〇一〇年一月一日　**游經祥**　序於新店宣德講堂

閒看花開花落　8

自序

時值歲暮大寒，窗外灰濛一片，我正埋首校正本書。

本書乃以「部落格」的形式寫成，它非專題探討，未成一貫體系，多為所見所聞所思所感，但，見聞思感中有關注的焦點，尤其心繫「生命」的問題——人的問題、生存與安頓的問題、自覺與自處的問題……。凡此種種，都是我思維之源。

本書分八大類；素材、題裁、全無安排，只是任由我心、我筆、帶領我漫遊茫茫人海；整理此時，發現「心靈漫步」是以愛為始，復以愛為終，這自然流露了我的生命情懷。

其次「生命之旅」，首篇寫得是「痛」，寫苦痛，不是因為能有所擔荷，而是直面生命的事實；「胸有餘痛」之感，非使我陷溺；它實為我昂揚之動力、付出的源頭！次篇「創傷」一文，前後頗有呼應。我常思生命中最細膩、最深刻、最豐富的一面，即在如實的去了解自己，並不辭不避生命的功課——「覺自己之苦痛」「觀他人之苦痛」，必不致使創傷成爲「沈疴」。

「生活剪影」中，又留下些什麼身影呢？現在看來，喜怒哀樂全無蹤影，但波動的心餘味猶存。「生」與「活」其實是寫不盡的！我稍嚐一味，似窺鼎中之調。但願諸君以簡馭繁，與我一起反芻情韻悠悠的生活。

「莫非自然」裡，但感人間萬象皆自然而然、本然而然。既爲如此，非人力所主，般般可取、般般可捨；寫「清趣」，固然怡然；寫「蒼茫」，也塵慮滌盡；山陰道上的我，常手舞足蹈，恍若無人，自然與我，欣然相望。

「同聲相應」這一單元，乃多實錄。我本擬把四百八十多篇精彩回應附錄書中，相信它是很美的紀念；那些真誠的探討、敏銳的觸發、激盪的情思，是多麼難能可貴！但，無法聯絡每一個人，詢其同意，因此作罷！

「一管之見」，是看人看事的偶思、偶見，管窺蠡測，侷限大矣。但關心必有所見，或有「一得」吧。

「課後餘韻」，篇幅較少，乃因我已退休，當年，曾想寫每課「授後心得」，卻無暇執筆，現在，下了講台，能因代課留下幾篇餘思，稍可一慰。

「曲藝人生」的部份，也是偶有所觸，寫入「部落格」與諸君分享，它們，都是人生的縮影，自然也有我們走過的痕跡。

大致整理後，現在要訂書名，想過幾個名稱，都稍感距離，躊躇間，「花開花落」四字驀然浮出！

一花一世界。花，是自然之物，花之開落，乃自然現象；花之繽紛，可喻紅塵；花令人情爲之鍾、心爲之迷；紅塵令人目爲之眩、神爲之搖；花，何異於人間世？花開花落亦然。開落之相續，如人事之變化、生命之遷流……。遠遠近近、芸芸眾生、分分秒秒、有形無形的重覆上演！

閒看，非日日無所事事，四處閒步閒思；閒看，有閒逸間不期而然的思索，復淡出濃外，出於入中，每有新悟，即有別思。遂感這六字，言近旨遠，最爲「貼切情動」！

或云：「花開花落」，有略略哀感，書名宜如大地山河之壯麗，怎能以「開落」之姿示人以無可逃之宿命？其實，我切切者，在人我能凝視那無常中的「生生不已」。

閒看花開花落，非自命灑脫，乃在提醒自己：憐取此身、此人；惜取此時、此地；

看人看己，我們不免「陰晴圓缺，自古難全」的悵然，但用一份心，留一份情，必不時領會人間際會的奧妙，「花開花落」，充滿了不可思議的因緣。

至此，我們看花開，「萬紫千紅」是美；花盡，「萬葉千聲」也是美！消長盛衰、得失成敗，不都是「世間覺」嗎？「若知起處，便知生命落處」，我們因此掃卻心中多少塵埃！閒中觀看，萬象紛呈，一花一物，一開一落，機妙無限。

歲暮大寒，我埋首校正此書。自知「部落格」中的隨興之筆，疏陋甚多，惟心香一瓣，誠摯奉上。願諸君諒我無力、知我情切。再願諸君與我一起——歲歲年年如斯、閒看花開花落。

瞿秀蘭誌於二〇一〇年一月二十日

誌　謝

本書付梓前夕，接到吾師王更生教授賜序，捧讀之際，一腔溫熱直上眼眶……。

老師少多顛沛，惟「窮且益堅，不墜青雲之志」，一路奮力向上，苦學有成，講學上庠數十年。爲教育部國家文學博士，尤以「文心雕龍」之研究，望重士林。

老師六十多種學術著作，乃千秋大業；我的生活隨筆，只是率爾操觚，卑之無高；惟老師察我一腔赤誠，在眼疾所困下，爲我提筆寫序，期勉愛護之情，必謹記心中。

再讀到我的同事，成功高中游經祥老師爲我寫的「書序」，也是無限感動。生命之間正向能量的交融，何等美好。

游老師在序中，對我有所溢美；但我看來，句句都是對我的期許。切己反思，感愧莫名。

文學書籍，本乏人問津；若含哲思，更令人裹足；尤以我才學疏淺，自是不望垂青；若問何以結集？就是留爲紀念。世事變遷，如幻如夢，惟此心，以慰生命之不負；惟此情，以證人生的美善。

雖不能至，心誠往之。

游老師是台灣大學數學博士，在數學教育上，甚多創新與成果，是台北市九十八年「數學與自然科類」的特殊優良教師。游老師對中國古老經典，也多所涉獵，尤以周易、詩經、論語，均精研有成；曾與其弟合撰「學易基礎與河圖洛書」「易林之乾林易象與心性探源」「周易四傳集解心性釋義」等書，力學深思，深造有得，令人感佩。

是的，「知我者，謂我心憂；不知我者，謂我何求！」惟此憂，乃脈脈情懷，無時或已。多謝諸君，相契此心；知我天真，予我寬容；數月以來，大家在此素心相會，互放光熱；若以佛家而言，此乃「殊勝的因緣」。

願吾人不再困於成敗得失，念念於生命的安頓與成長；願吾人不再滯於恩怨是非，念念於彼此的勉勵與扶持；勿讓「人間煩惱蝕盡心血」、勿令「春花秋月等閒度」、勿容「少年心事強半消磨」；但留餘力，造一個今天的意義。

如是，命運詭譎，人生倏忽，我們也勉盡心力，稍可告慰此生了，此中真意，望君體察。

同時，我要向文史哲出版社彭正雄先生致謝，彭先生視出版事業爲一生職志，四十年念茲在茲，其文化使命感豈止令人動容？主編彭雅雲小姐溫婉賢慧，襄助其父，辛勞不辭，尤屬難得。我每從熱鬧的羅斯福路彎進小巷，進入書海深深的文史哲；一燈之下，見其父女猶孜孜於工作，常心有所動……。

在無所不見、不聞的功利中，竟有如是有所爲、有所不爲的典型；在文史書籍如此蕭條的實況中，彭先生的確是「台灣出版界的奇人俠士」〈作家無名氏語〉。

功利如煙雲，性情乃至寶。有時，與彭先生父女一席談，在狹窄、擁擠的出版社裡，我真有——「黃昏裡掛起一盞燈」的感受。

最後，要感謝我的學生上官潞潞，她百忙之中，不避瑣細，幫助我整理校正文稿，細心周延，委實是我的小天使。生命路上，不負相遇，何等快慰！

我也誠摯祝福諸位，因緣所繫，共創慧命，這又是何等幸福！

二〇一〇年一月六日　於淡水一笑窩

閒看花開花落

目次

生活剪影……一五一

莫非自然……一八一

同聲相應……二一三

一管之見

課後餘韻

心靈漫步

愛

我們來看看托爾斯泰在他的皇皇巨著「戰爭與和平」一書中這幾句：

可愛的安德烈在身負重傷臨終之前，仍然在思考著愛是什麼的問題。他想：「愛是生命，我所懂得的一切，每一件事，因爲我愛，我才懂。每一件事成立，每一件事存在，只因爲我愛。每一件事只有靠了愛才聯合起來。」

是的，這段文字如暖流拂過心田……。

真愛，不會有傷害；能愛，會溫柔彼此相待；懂愛，會由衷感恩祝福。

緣

勿輕言「緣」之一字！不論是聚是散。
「緣」雖牽引一切、連結一切……但它並非「操之在己」。
生命體最大的無力與障礙，即在自以爲能有所掌握或決定它的生滅。
我們真能以一個「緣」詮釋一切表象、現象甚或幻象嗎？
我們能洞悉其底蘊、切知其根源嗎？
雖然它年年歲歲、遠遠近近，終始纏繞。
即使它飄飄緲緲而去，也當抿緊雙唇，不言「無緣」或「緣盡」！
快意放言一時，悠悠餘痛不已！
還諸造化，但平此心。

負

有一本書談到：有四種東西，一去不再收得回來！

一、說出的話
二、射出的箭
三、已逝的光陰
四、錯過的機會
試問：那一項最令我們頓足！
再問：失去的東西，能否尋回？自我的心靈，如何重建？若人生無法重來，又豈可落得「負人負己負平生」？
我們何以心懷不平？
我們何以肆意批評？
我們何以輕擲時光？
我們何以猶疑躊躇？
人生的悔怨、遺憾、蹉跎、錯失……，無時無刻不猝然逼近！是時不遇、運不濟，抑爲個人所致？
看來，「修養」是唯一的救贖！回頭轉念，幕幕見的都是自家的不是，並誠心領受生命寶貴的教訓，如是，或「不負」這內外兩境交相而至的煎熬！

若胸懷間常忿忿常怨懟，人生何等灰暗！左衝右突，方向何在！

且釋懷、且哀憫，傷害不能循環！客觀環境縱然無奈，主體生命要有擔當——我失言、我疏失、我知錯……。坦然面對，勿令生命在是非恩怨中磨損；相視一笑，且讓生命在當下因緣裡綻放。

若不然、不然……，不能寬柔、不能諒解……；想到那一個「負」字，真真是悵然莫名！

不仁

天地不仁！人之不仁！

每台都是「燙嬰事件」的報導！

我不敢想、不敢寫這樁事！

要多殘酷的事來教導我們！

這不是一個人的悲劇、不是一個家的悲劇！

我更看到不堪問、不堪聞、不堪思的問題：

那是一個沒有愛的世界、人性蕩然的世界、絕望的黑暗世界！

那是一絲機會都沒有的「劫難」、那是冷徹人心的人生荒涼！

何謂「如保赤子」？何謂「求其放心」？

赤子需要疼憐保護；大人需要找回本心，需要找回惻隱心、找回柔軟心，這也是自我救贖的唯一力道！

極度的失控，是極度的耗弱；極度的耗弱，形成人心的殘疾；人心的殘疾，造成徹徹底底的摧毀！

憐嬰、憐人性……。焚身之痛，其母其兄其姐乃至狠父無一倖免，有血有肉之人亦無一倖免！

「無緣大慈、同體大悲」，生命是同一宇宙啊！

當生命俱在一念之差中墜落，在無明的陰暗中相纏相殘！

我們只能陪著流淚嗎？

淚水抵擋得了人性的崩解嗎？

生命

請先看這首詩：

當我們細細看
啊，一顆薺花
開在籬牆邊。〈芭蕉詩〉

再看這隻正享受著的蝴蝶
這朵兀自盛開的白蓮
路邊漫生的小草
自得其樂的小鴨

觸處生春，觸目生命。

也許，待一點靈光開啓生命，帶來春天。

也許，只待一心相照，源頭乍現，瞬間澎湃！
匯聚成泉、成渠、成生命之河……。
流啊流的……是若有所思、偶然邂逅、當下驚喜、驀然回首、憬然有悟……。
一一譜成樂章，生命之歌何曾歇止？
「不須愁日暮，自有一燈燃」，靈明一點，照護生命。

種子

此刻，我想以「種子」喻心。
這顆心好不好、安不安？有種子般的重要。
若不能照顧好自己的心，那寶貴的種子即無抽芽茁壯之機；種子無法出土、萌蘗無法生長；心，如何安穩健全？
經驗不斷告訴我們：外境不由自主、生命變遷太快，我們脆弱的心，隨之動盪！
這惶惑、徬徨、失落的心，就像生機漸失的種子！它多麼渴望掙脫令人窒息的陰暗、渴望探出頭來、渴望陽光的溫暖、雨露的滋潤、渴望伸展它的生命。

它們，何以滿佈危機？

這，豈非人最迫切的問題？

我們要承認：心與種子都置身於一片虛空中，心乃「操之則存，捨之則亡」，種子亦無恆定之養分；二者皆無依無憑，都在因緣中流轉、運作而為個人之人生。

所以，~~我們是否~~人生或許虛空如夢；但，心在、種子在，它們，悄悄地在生長一切呢！

千般萬般，但看一心。我們且俯首，看自家心田風光如何？

內觀

昨晚，打完「種子」，竟倏爾消失；略有惆悵，續寫此篇；改將重心分別列出。

一、人際之間，何以有不容之境？如何才能兩心清淨、相安共存？

二、人人要快樂、何以所行常適得其反？快樂的背後，何以有苦痛、不自在、甚且椎心刺骨之痛？

三、如何在苦痛中發展生命更長遠的道路？而非就此顛躓一生。

四、我們也處在生命變動不居的洪流中，如何穩得住自己的腳跟？不隨波逐流或隨之吞沒？

五、種種際遇，或爲自造，或難知底蘊……；但，如何避免陷入後續的漩渦？

六、人生，的確充滿意外，無法在規劃中生存；重心或在：我們是否曾好好地活？

七、即使「一無所有」，生命也自有「絕後復甦」之力！

八、正視生命問題，不是「正顏說教」，它們最真切不過！它們等同「靈魂的救贖」。

九、若一心要與他人較量，當先問：自我力量夠不夠？若自身都降伏不了，豈有力量及於他人？

十、所謂奮鬥，不是追逐外在的功業；在生生滅滅的因緣中，我們要尋找的是自我安頓之路。

「種子」再現，大慰我心；繼述十條，以爲補充。生命的收攝、開展，重在「內觀」吧。

濤聲

若你也在這樣的黃昏，乍暖還寒的海邊，聽著風聲、濤聲，你只要靜默即可。

且把手邊的筆記收起、且把畫筆收起。

是那一位畫家說的：「畫不過上帝」，莫說山河大地，萬物都有令人感動的表情，萬象也各有其獨特的姿容，如何描繪其神髓？

文字亦然，大半價值在記錄，但人間的光明與黑暗、幸福與哀傷，如何盡致暢達、委婉曲盡？

造化把一切奧祕寫在天地之中，一片雲、一陣風、乃至一個人，都是篇篇圖文。

你能呼吸，就能看它讀它欣賞它。

你認識了自己，就能了解人生。

你聽進了濤聲，就知道生命是如何一浪逐一浪的過去了。

收起你的筆，靜默中，且聽天地的絮語、永恆的生命樂章……。

詩人

無所不在的，是詩
自然詩人的心注定飄泊；
不可思議的，是詩
自然詩人的心微妙不解；
只待發現、只待欣賞、只待憐取
當詩人以詩心相報……啊！
青山綠水
春花秋月
今日方知

浪花

智利詩人聶魯達有兩句詩：

在我們憂患的一生，
愛只不過是
高過其他浪花的一道浪花。
曾經讓我停留半晌
思索著不追憶著……
赫然發現：
根本不曾想去抓住浪花
只是它變動起伏的瞬間
令我心驚恍神……

刻痕

「人之異於禽獸者幾希」！這幾希，是否即顯示人的「刻痕」？人之首出萬物，即在人以獨具之高超靈性，得以自我覺察而建立自我生命的價值。前人云：「即使不識一字，亦須還我堂堂正正的做一個人。」做一個什麼樣的人呢？

換言之，人，能活出一個什麼「樣」呢？

這個思考不訴諸道德或成就，只集中心力於如何面對自己、開發自己、調節自己、揮灑自己和運轉自己！

生命以各自之秉賦而成就一己的生命，活出一己之姿——這是何等懾人的刻痕！人之刻痕，亦爲人之源頭；有本有源，必有無限的開展。

一念

清晨散步時，我想起這兩句：「綠水青山觀自在，清風明月任優游」。下午，執筆之際，這兩句跳進腦海：「處紅塵，有獨處的情懷；獨處時，有紅塵的懷抱」。

此刻，我想著的是：「萬法必然渙散，凝注而生妙有」。

境中有境。情中有情。

一念一行，就是一生。

各人尋索、各人體驗、各人詮釋。

三問

一代青衣祭酒顧正秋女士，最鍾愛「鎖麟囊」一戲，唱詞中有這一段——給了我們什麼啓示？

「想當年我也曾撒嬌使性，到今朝那怕我不信前塵，這也是老天爺一番教訓；他教我收餘恨、免嬌嗔、且自新、改性情、休戀逝水；苦海回身，早悟蘭因。」

我有三問：

一、逞強使性是否揮霍了造化的恩寵？當「此一時，彼一時」，世移事遷之後，什麼才能延續曾有的光輝？

二、看人看己，不免悲憐人生無可逆料之錘鍊；惟此中意義，自家如何參證？

三、老天給人多少機會——在「歷難」中領悟人生、創造「慧命」？

性情

有一種感覺，令人心動、令人回味；有一種溫柔，自心底湧出、從嘴角綻放；它們，源自性情。

性情半是天賦，半是涵養；天賦誠可貴，涵養價更高；水裡來、火裡去，不辭不拒；自家體察自家修鍊、自家承擔自家鑄造，將心心念念融入一身，將生平閱歷融入一心；若學問之積漸、若水到之渠成；終得護持自心，且看本地風光如是。

性情不是完美，性情是不設防、無機巧的呈現；它可能不見光華，但絕對蘊藉溫煦；性情亦非造作，眉眼之間，無求無待；言笑之中，真切可掬；性情亦不逼人、不凌人；它溫潤如玉、如月、也如讓你不自禁的詩歌。

我們連連驚嘆之餘，真是只有頷首相向——多謝這美的乍現，果真是塵盡光生，但見性情相照中，遠遠近近都是佳興佳景、奇采奇妍。

浪漫

剛才在電視上，女主角嬌滴滴的說：「你好浪漫哦！」她的王子正對她絮絮表白：「真想把月亮摘給妳。」……情話似不必要求推陳出新；但引起我想說一說「浪漫」。

浪漫是什麼？是吟風弄月、是隨心所欲、是風雅自命、是四方逍遙？浪漫，其實是一種自然散發的氣息，一種內在情懷的流露；一個高度心靈自由、創造力源源的人，才有浪漫的生命；它無法矯飾、做作；也沒有框架、形式；它蓄勢而出的是澎湃的生命力——由一個有限的方寸之地，開展出足以伸向整個天地的力量；形之於外的或許是灑脫、奔放，或許是柔情、蘊藉，每一面可獨立可融合，它豐富靈動的變化，是不羈的、是無限的。

生命的層次到那裡，浪漫的層次就到那裡。浪漫的生命力，飽滿又不竭；若以風為喻，它亦可微可狂、可吟可嘯；它亦無時無處、可來可去；我們若也以生命去相應相合，那麼，每一個與浪漫的邂逅，都是無可想像的「驚艷」。

那個驚艷，不是花前月下、不是你儂我儂，而是我們被喚醒——感應到生命的酣暢淋漓；且傾全宇宙之力活在眼前一瞬！什麼恩怨是非，可付流水！在一呼一吸之中，品啜生命的芬芳吧！採擷生命的華美吧！

試想以下的畫面，有浪漫的訊息嗎？

「今夕何夕，遇此良人」如何？「我是孤雲野鶴，那個天空不可飛翔」如何？前文說浪漫是無限，那麼，那曹雪芹爲紅樓夢「淚盡繼之以血」的全力以赴，是怎樣的「浪漫」！生命世界裡，「沉哀」更是令人屏息的浪漫！

浪漫如同生命，真切的追尋與失落、深切的愛戀與決絕，把二者推向極致。

不禁要說，人生須經過多少「置之死地而後生」的嚴峻關卡後，方能得浪漫之丰神，它充滿著「活著」的印記。

此外，必待補充這幾句：浪漫並非絕對的感性，浪漫十足的人實則有充份的理性洞察力；清明之中的瀟灑，才能爲生命帶來一股逸氣，這股逸氣可助我們超拔現實的泥濘；但，浪漫不是烏托邦，它必然植根於真實世界中；如是說來，似有矛盾，其實不然，但看各人領略吧！

初心

一個半月前，三月三十日，我回到學校代課，穿過操場，竟感「情怯」；望著前方一坐十多年的辦公室，望著籃球架下活躍的身影，突然好想念那些不在身邊的孩子、突然想起去年畢業典禮後，有同學在我桌上留言：「老師退休，以後回學校想看老師不容易了……。」我的心頓然一動，寫部落格吧！讓想找我的孩子，可以在這裡重溫師生一起學習的日子……。當晚就提筆，到今天，四十五天了，寫了四十五篇短文。

這顯然是我提筆的主要動力了。

我不必再審視四十五篇的主題，敲著鍵盤時，雖是心之所至，手即隨之，並未刻意而寫，但胸中牽念，常在「生命」——所思所感多人的問題、人心的問題……；我常想探索生命、正視現象、面對自己……在這裡面用心，才是〈不斷成長〉的根源，並足以取代一切的「外援」。

觀照與內省，是我們繼續向前的最大力量。

我當然不是在這裡「好爲人師」，我或許有一點於生命的「悲感」——我知道「活著」之不易，我知道處理自己的心更不易；一點小小的恐懼即足以令人力竭，生命的脆弱不因外在的剛強而消失；我也想表達：也許，不須一定要去處理什麼，只須勇敢誠實的面對，讓生命的一切自自然然、真真實實的呈現；生命何必一定分好與不好、圓滿或缺陷呢？我曾花很大的力氣提醒自己、鼓勵學生：克服自我、擺脫狹隘的較量、柔軟下來、去理解和體恤千芳百豔亦各有其限……。

當這樣的心出來後，我們不但不沉重，反而有雲開日出的豁然；甚至更進一步看到所有生命本質上的富足、尊嚴和完整——透過苦痛洗禮後的眼力和襟懷，和人生、和一切「大和解」。

執筆是需要後繼力的，初心就是其泉源。我即是以此殷切的心，在這裡與我的學生和有緣諸君切切互勉。

開卷

書裡的世界，是一個理智的世界，還是感情的世界？

我們可以在這裡敲理性的窗，扣感性的門；看遠遠近近世間的富麗、生命的繽紛、心靈的風景……。

對我而言呢？靠近它，是一種探索、一種

二〇〇九年六月十八日於成功圖書館

交會、一種釋放、一種娓娓談心，一種——靈魂休養。

再生

西藏精神領袖達賴喇嘛數年前來台弘法，言談平易近人又睿智雋永，我特別記得一些話：「社會的一切問題，都是缺乏愛與慈悲所致。」「愛與慈悲，不是宗教事務，是所有人類存在最主要的因素。」

這幾句話，使我想起一部影片：「再生之旅」。片中敘述一個醫師在未罹病前是多麼自信昂然，處理一切問題都可以「指揮若定」；未料，他突然被宣佈罹癌，一夕之間，天地乍變，聰明優秀的他也只剩下無奈無力；他被迫接受現實，也被迫由從容優雅的醫生位置「易地而處」；最終幡然有悟，才體會了病人的心情，生命的困境；也開始深省自己的人生：什麼才是有意義的人生？如何面對真實的一切？

在越來越深的生病的惶恐無助中，他才發現自己曾是多麼忽視別人的痛苦、忽略別人的感受，也覺察自己一樣是孤單恐懼又憤怒！

片中有一幕，令人肅然：他帶著一位垂死的癌症病人出遊，在沙漠中兩人忘情起舞

〈因爲他現在會傾聽、會感受，知道對方熱愛生命，喜歡跳舞〉，他決定「陪著她一段」，在大地中跳舞——在蒼茫的暮色背景下，兩個生病的人相擁起舞……。

是否經歷痛苦，才能產生真切的同情？是否經歷巨變，才知道生命的美好？

這個影片的主旨，不只是寫一個醫師的「覺醒」與「再生」，以及如何經由親身體驗，他才成爲真正的醫「生」。這個影片讓我難忘的是：人，其實活得很「隔絕」，愛與理解，其實是很不容易的；我們花很多時間力爭上游，把自己培養成一個成功的人，但，在試煉來臨前，我們其實不知道，生命至高的價値，是有愛的力量，且給得出、給得出慈悲與關懷；在送出溫暖的同時，自我也獲得救贖。

達賴的話，有力的爲這部影片作了最好的註腳。

改變

今晨，五點半左右，擡頭赫見一大片烏雲蓋在山頭，好沉好濃；我乍驚又疑，不是這幾天都是晴朗高溫的天氣嗎？

隨後的變化更令我瞠目，山頭逐漸在烏雲中變紅，紅黑兩色非常分明，接著變化更快，紅色延伸，從鑲邊轉爲焦點，豔得睜不開眼；然後，換成金色，三色交織更魅惑人；但，只是一瞬間，六點時分，金光乍然四射，不容定睛，太陽自山巔躍出……。

那一大片烏雲呢？竟在人不覺中遠颺了、消失了。

若說自然在「說法」，此刻，它讓我接收到什麼訊息？變化！是的，宇宙中的一切，無時無刻不在變化中。

變化，要呈現什麼呢？

通常，我們會對變化疑懼；慣性主導著我們的生活，我們也自視活在安穩、適應的生活中；或不知變化之必然、或忽略了變化的意義、或未意識已在其中……；因此，我們會驟然陷入重重的迷惘和不安、深深的困惑和徬徨！

如果內在心態不能和外境的變化合拍，節奏的混亂，必導致生活的疲憊無趣，甚至失去信心和希望，只覺一片陰霾，辨不出何去何從！

若把變化簡稱爲「改變」會更具體，改變意味「內在革新」，內在革新是新生命、新人生的關鍵；個人生命必待「日新又新」，才有格局、氣象；由人及物，擴而大之，眾生都在接受改變中，不斷孕育新機新生。

所以，改變是「以今日之我戰昨日之我」、是「覺今是而昨非」、是深自檢視自我，付諸行動、是令人喝采的前進！它衝破混沌，如同衝破烏雲；改變，是爲自己創造契機。

清晨一幕，令我聯想及變化，聯想及生命的更新——就是改變、需要改變、必須改變；破殼、破繭、破土、破冰……都是改變；它幾乎是「宿命轉換」，一變一化、一轉一換，就是一切。

天地有大美而不言，天地有至理而不言。我們當覺察：在每一個外在的改變中，如何因應、如何調整、如何親證勇敢的改變——生命將如陽光穿透雲層般的美麗。

感覺

「感覺」是一個常見常用的詞彙，人人能顧名思義；感覺也是活著的象徵，人人皆有此本能。

它，或指身體官能的感知，或指心靈精神的覺知。惟亦多所謂「沒感覺」者——爲什麼？

感覺，是溫度中的溫度，有極細膩的波動，呈現著生命的各種節奏；沒感覺呢？若行無際荒地，彌天蓋地的也是無盡的虛空……。

它們的共同點：都在外境的牽制下。

是以，前者若楊柳依依，後者如雨雪霏霏；前者開展，後者凝滯；前者載欣載奔，後者寸步難行……。

感覺也是創造的源頭，可以發而爲豐沛的能量；沒感覺，則如搞木中的搞木，是什麼被「窒死」被「沉埋」！生機點點流失……。

但，起伏的感覺，不牢靠、無恆定，來無影、去無蹤；感覺與否，就成了緣起生滅的歷程，一切只是現象的相續、境遇的流轉……，自不必喋喋於有無了；生生化化，本爲生命真章。

無論如何，人之生也，與感覺俱存。有感覺，始可與言；或不言，交臂之際，相視一笑。

〈今晨六點半稍後，面對觀音山右方，驀的出現一道鮮明的彩虹。我怔了一下，定睛遙望，約莫五分鐘左右，它即漸漸消散……。此亦「緣起性空」。〉

秋夜

靜靜的夜裡，秋意甚濃，好風如水。

歐陽修曾於深秋夜讀，聞「秋聲」而作賦；蘇軾亦曾於中秋之夜，寫「水調歌頭」以遣懷。我重溫這些篇章，感受較前不同，我已不傷歲月飄忽，惟於人生情境，另有不可說的深切。

人說衰颯屬秋，實則秋心清朗，清朗始眉目如畫；淡淡送春去，默默容冬來；秋，有兼容並蓄之高曠雅量。

我尤愛「霜葉紅於二月花」一句，但覺情致意涵滿眼滿胸；秋景、秋懷，是一種自得、自知的體驗。

草木無情，人而有靈，「百憂感其心，萬事勞其形」，漫漫長途之後，真的只是「天涼好箇秋」了！

且揮去「空裡浮花夢裡身」之感，且留住「清風與明月同夜」之境……。

此夜此景，悠悠此心、眷眷此情，竟不可說而說！

秋意甚濃，好風如水；卻是鬱結中懷，真真有愧乎太上之忘情！

秋懷

我坐在窗前，遙望秋色連綿。

對秋如對韻人、雅士，相晤間，起伏一股似濃似淡、似遠似近的感覺；可以莞爾、可以不言。

昨日徜徉堤岸，十足是「秋水共長天一色」的情境。千古同懷，悠悠歲月似不存在了。

我非悲秋。乃感秋之別調別趣，頗有機妙；看萬象變遷，心亦波動，惟多護惜之心。

我亦有別思：秋，非盡爲颯爽、蕭瑟或迷離；秋，也有淋漓真率之氣，霎時之秋風起兮，其況味莫可名

狀。

這個午後，坐在窗前的我，當然不免於「苒苒物華休」之嘆；但，秋水之姿、長天之態，也讓我頓時有「當下美滿」之快。

前人詠秋，是以詩詞爲心，性靈之融入，爲秋添多少姿采。

「想人生，美景良辰堪惜，向其間，賞心樂事，古來難是並得。」不禁又借古人之杯酒了！

且敬向秋色，再澆胸懷。

慈悲

近日，達賴訪台，爲民眾祈福，視聽言動都有開示。

僅於「慈悲」處略抒一懷。

我們常說「萬卷詩書聖賢心」，此聖賢之意，乃指以「面對與承受生命帶來的一切」之心，對眾生境況有切身的感受；「哀黑暗向光明」……，慈悲之心，自然流露。

它，無關功業、名利、身份……；那是生命高度開展後的極至單純。性情中，萬般退下，只見一顆明珠閃閃著生命與人生的真義——慈悲是本懷、是信念、是承當、是奉獻！當然，慈悲必帶來溫暖、快樂和希望。

我們不是盲目崇拜名人，在「無關修爲、才學、背景……，所有生命皆有其不可自主性的人生中」，我們但期能全然感受一個人物的姿態。

那個姿態，即是「我在這裡」！「我們一起」！在生命的這個階段，此時此際，不分種族宗教、不分賢愚優劣，一切有情，共享慈悲！

附錄：

一、慈悲在佛家而言，慈是把快樂給予眾生，悲是拔除眾生的苦惱。聖賢感歎人生的苦惱而發悲願。

二、「達賴喇嘛因爲尊敬所有的人類而發展出一套他自己的和平哲學，立足於這個擔負世界重任的哲學概念上，達賴喇嘛擁抱所有的人類，以及自然。」〈一九八九年諾貝爾評審委員會〉

三、「乃至有虛空以及眾生住願吾住世間盡除眾生苦」〈達賴喇嘛在諾貝爾和平頒獎典禮上的講話引語〉

四、「我體認到，我的存在是要致力於爲所有生靈的福祉努力，不只今生今世，而是多生多世。這給我無限的勇氣與祥和；而這也使得今生面臨的問題，變得微不足道。」

〈十四世達賴喇嘛自述〉

五、「他從世界的屋頂一路走下來

踏著冰風雕成的峻梯

紅袈裟飄舞，自空而降

他把滿天的素峰素嶺

一簇永不凋落的雪蓮

統統留在回顧的上面

從布達拉宮，遠道，他帶來

失傳已很久，一掬微笑

藏文滔滔有幾人能懂

密宗奧妙更難以參悟

但他的笑容深入淺出

無須譯成臺語或漢文
看雙掌合十，心心相印
有千千萬萬的頭顱低俯
不向飛彈，向他的法壇
……
我沒有哈達可獻，也未入密門
只能在春分的第六個黃昏
在一棵菩提數下默禱
願他能帶著微笑與族人
重踏來時的天梯千仞
回到他夢裡的冰國雪鄉

〈余光中《達賴喇嘛》〉

感動

我在近日所讀的一本書中，讀到這一段：「六四九年的暮春，太宗病危。在最後的幾天，太宗囑咐玄奘隨侍在他身旁，當死亡降臨到這位曾經爲鞏固唐朝法制，而將佛教安置於朝廷控制之下的帝王身上時，卻需當今最顯要的高僧玄奘在他身邊賜予他力量。」

作者一再強調他在寫歷史，不在說佛法，但這幾句話中宗教的氣息是多麼的豐富。史上雄才大略、睥睨天下的君主，最終仍在燭火將盡〈生命的侷限〉中「屈服」；而玄奘在此時，他以生命修行的佛法，照耀著奄奄欲絕、無助無奈的生命。

我讀此段，無言。感動。

詩心

今天，我答覆一個同學：看看自己那顆詩心吧！

他說：我不懂詩，怎麼有詩心？

我們何必拘泥字面呢？有感受、有思想、有夢……，怎麼不是詩人呢？更何況，生命本身就可謂一首詩呢！

詩的面貌是繁複的，詩的內涵亦然；誰說我們的生活中沒有神來之筆？福至心靈的一刹那，詩心璀璨，幾可照亮整個人生。

詩心不是詩人之專屬，詩心是一個自覺的心靈；對生命現象、對人生歷程，時有體察、時有困惑、時有追索、時有迷惘；也時而低沉、時而昂揚、時而鬱苦、時而靈動；它隨時之宜，譜成的樂章，充滿起承轉合，詩心彈奏的生命，有不可測知的幽邃和磅礴。

即使它偶而迷離、黯沉，它也不凋不絕；它是生機、它是火種、它是靈魂。

不是只有握得着、看得見，所謂實際具體的東西，才是憑恃；個人的性情、才調、歷練、涵養，所造就的詩心，才是支撐；一點詩心若活泉，源源滋養著被刻板粗糙的現實折磨的心靈；生命終得在悠悠的情韻、片片的姿采……獲得「復甦」之機。

且待這一寸詩心，爲無情荒地播下有情種子，種子抽芽滋長，心田郁郁青青可期。

詩心在、詩心不枯，生命希望無窮、風景無限。

救贖

曾在爬山中，見山中禪寺楹間一聯：

若不回頭誰替你救苦救難

如能轉念何需我大慈大悲

當下紅了眼眶，似驀見人我種種徒勞的掙扎、枉然的追尋⋯⋯；我輩之苦，常在無力「回頭轉念」。

回頭是勇氣，轉念是智慧；勇氣是放下的勇氣，智慧是割捨的智慧；放下，不是失去；割捨，也不是放棄；它們是一步一念之超脫——以新的思維、行動，恢復清明的思辨、開創清醒的新生。

可知：放下，不是名詞；放下，是動詞；放下的，是常年纏繞在心頭的千絲萬縷；割捨的，是常年捆綁我們的頑強習性；在桎梏一開、心門一開、眼界一開之後，生命亦隨之拓展。

此時，面對自我、面對生活，何等坦然、安然，以自然回歸自然⋯⋯。

此刻，悔怨恩仇俱泯，從此還我自適自得地做一個人。此非奢望、非妄求，是脫落自我復依歸自我；回頭轉念，自助自救，生命終得再造。

凜　烈

今天是端午節，也是詩人節，自然，我們會想到屈原。

文學史上有其評論與定位。在此，我不論他的歷史、他的思想、他的藝術；我試摘取其作品中數句，在這個紀念他的日子裡，一起重溫其人其情其景。

「亦余心之所善兮，雖九死其猶未悔」

「長太息以掩涕兮，哀民生之多艱」

「吾不能變心而從俗兮，固將愁苦而終窮」

「路漫漫其修遠兮，吾將上下而求索」

這是大家較熟悉的句子，讀一讀，我們見到的，當不只是逃不出現實、找不到出路的無奈；我們看到的，是一股澎湃的精神、一種巨大的能量；即使句中哀傷沉沉，仍洶湧著鬱鬱勃勃的生命意志。

屈原是才子、是詩人；對己真誠、對生命真誠；他不是浮淺的吶喊和傷感，它的掙扎和奮鬥令人肅然！即令他的悲哀，也有「凜烈」的莊嚴燦麗！餘韻歷歷猶新！

他活在歷史上、他不淒涼、他軒昂千古。

〈在我們有限的一生中，什麼是我們的堅持呢？什麼是我們的意義呢？〉

寫作

一九五〇年美國小說家威廉福克納獲得諾貝爾文學獎，他在領獎時，發表他作爲一個作家的感想。我深深記得以下這些話：

「我覺得，這個獎不是頒給我個人的，而是頒給我的作品——以一生血汁凝聚而成的心靈結晶。不是爲名，更不是爲利，而是爲了要從有關人類心靈的題材中，創造某些未曾有過的東西。」

「我們今天的悲劇，是全球性普遍對物質的恐懼，長時間下來，到如今，我們甚至已習慣了，不再重視心靈的問題。作家已經忘了人類心靈自我掙扎的問題，其實單單這個問題就可以寫成好作品，因爲只有這是值得寫的，值得嘔心瀝血。」

福克納於一九六二年謝世。這麼長的歲月過去了，他的理念，依舊切合今天。

我留誌於此。我們都需要精神上的支柱，需要深體人性又悲憫寬容的心腸來鼓舞我們、啓發我們！

是否可以想像，伏案的那一刻：生命無界、生命至上、生命永不受限；此心此念，是如何縈繞在小小的書房？
是否可以理解，執筆的那一刻：生之價値、生之掙扎、生之飛躍，是如何淌自心靈、流至筆端？

活　著

我常想起歌德這幾句話：「一個人應該每天聽一首小小的曲子，讀一闕美好的詩，看一幅出色的畫，如果可能，說幾句合情合理的話。」

你同不同意呢？

其實，人回歸人之本質，如童心般的純良，或遠離復雜，單純的面對生活，不機巧、不怨怒、不嫉妒、不虛飾……，這樣的「活」，是不可望、不可及的嗎？

一定要強調衣食、強調「成就」，才是實際的嗎？

風雨之後，知道寧靜的可貴。

絢爛之後，知道平淡的真味。

放平、放下、放空的心，不會怕失去，他會更富有——含納的是大千世界的美麗。

化繁爲簡、以理化情的美麗；本心依然、初衷猶在的美麗；看得見「美麗」的美麗。是不是可以這樣活呢？

這樣的活，應該就是幸福、就是安穩吧！

原來，活著的幸福大致取決於此；原來，人即或「一無所有」，仍可選擇唱一首歌、讀一闋詞、看一幅畫、說些有情有理的話——單單純純的活著。

自處

自處或是生命最重的功課，我們無法逆料上帝給的是什麼作業，而且人人的試題不同；但必有適用於自己的「法門」。

曾聞「九分的聰明，不敵一分的愚昧」，後者或源自蔽塞的心和固執的心，不能「變」不能「化」，以致，不時陷入驚惶或顛躓之境。

人間萬象常在彈指間變滅，只是我們「不知所起」、「不知所終」；在已了無意義的得失、寵辱…中重複的浮沉。

我們不能不知爲何「受苦」，這個「克服自我」的習題，是生命旋乾轉坤之機；換言之，當避開執著帶來的天羅地網，並切知習性之作祟；有所自拔、有所放開。

「觀」自己、「觀」因緣，刻刻遷流；承受現實，改善自我，以之建構內在的生命，飄搖中自有腳跟，或是自處之力量。

微　笑

我喜歡看人微笑
輕輕的笑容漾在嘴角
有一種怡人的溫度。
我也習於微笑示人
當我怯於情境、怯於語言……。
微笑其實不等同萬語
雖然它可能藏著什麼
或傳遞著什麼。
微笑也未必強勝有聲

雖然它默默不言、不即不離
足可抵一首詩、一部小說。
微笑似飄忽、似淡然
卻又栩栩如初綻的花、初生的葉
虛與實的剎那
竟惹得人一時怔忡！

體驗

體驗是什麼？顧名思義，無待贅言。
我要強調的是：它是一種親身嘗試、親身經歷；不論什麼情況、什麼滋味，是你的心爲之而跳、是你的血爲之而騰、是你的淚爲之而落……。
以登山爲喻：我常思山頭之上，一覽眾山尙爲其次，那一路攀岩爬壁的過程更刻骨銘心，可說每一步都有意義，一步之失、一步跨不過去…都無可逆料；因此，每一步都是「一印一痕」的體驗。

有時翻過山脊，回顧所來徑，似湮沒於蔓草間，此時之感受，不可言說；但對生命之潛能與勇氣，必有新的信心和體認，頓有心思一開，豁然之感。

原來步步攀升，其實也在般般放下。登山，遂非爲「攻頂」；若必言「攻」，攻得也是自己。步步剝落自己的軟弱、步步脫出自己的沾滯、也步步走出自己的狹隘；隨著一山又一山，那裡只是腳力增進多少，登山的收穫寸心自知。

再問體驗是什麼？它的真義或不在字面；它是一種心靈的收穫，是一種「靜靜的承受」「靜靜的放下」。在這個過程中，你會不斷意識到自我的蛻變，包括視野的開拓、胸襟的擴大、人性的理解、信念的建立、以及對生命更深度的觀照和自省，這些體驗也累積著我們繼續走下去的能量。

終至走出一個自己的人生——爲每一個真切體驗而歌而泣的人生。

面對

何謂面對？

我們很早就認識這兩個字，但誰可以確切的說：是在什麼年紀、什麼情況下，才有了真切又徹底的體認和實踐。

大多時候，成長的一部份，是在被動的面對現實；命運如一隻看不見的大手，半勉強半戲謔又不容商量的，立刻要驗收這個功課。這隻大手也撥弄著我們東西南北轉，我們在其中掙扎，什麼才是最正確的一面呢？

面對，似乎是自然的、必然的，也很堂皇，像是應有的責任和能力，也是成熟的象徵。

直到、直到有一天，有一事，猝不及防逼臨：前一秒你還不知道，後一分你也不確定；也不容你遲疑：是或不是、真或不真？世界瞬間變了樣，而且是徹徹底底的不同了。

你要如何面對？如何面對許許多多人力無法選擇和挽回的情境？

你怎麼面對？

面對……，豈堪想、豈堪受、豈堪拒？縱然於人生已略略有所體察與承受，仍不免思之惶惑吧！

觀心

萬事萬物，制乎一心。
偏偏此心常是飄忽、「莫知其向」的！
心之所之，是決定人生的關鍵。
如是，怎能不多留意自己的心？
苦惱常是心的陷落。
所謂「旋乾轉坤」、所謂「回頭是岸」，就是改變心念。
當下制伏一心——停止意念紛飛；制心於一處、一點——我這就只做一件事……。
之前「翻江倒海」，非外境洶湧，乃心之波瀾！
此心不察，此心受制，此身復受制，乃至一生都受制；心，果真是「萬事之本源」。
是知人要面對的，只有這顆心——自家的心；外境的征服、斬獲，非關核心。
外境無常，沒有「勝敗」的問題，自心不解、不明，以致變遷之前，失措失誤。
試試看，心是靈動的、自由的；且將覺醒的心付之行動！時時迎接新生、再生！

探索

友人上「探索」的課程，我未盡知其詳；但坐在電腦前，不覺有此思考。
「哲學始於探索」，有探索之心，即爲契機——也是生命旋乾轉坤的關鍵。
探索的過程必充滿驚訝、震撼、衝擊！
我們將向自己作深度的挖掘、我們將面對原原本本的生命型態！
回歸自己、但問一心，是最切近切要的探索。
試問：
緊緊纏繞我們的問題，它的根源是什麼？
個人能發揮的潛能有多深？力量何在？
如何切知生命的陷阱、生命的尊貴？
如何保持覺醒、付諸行動、自拔於習氣所造之繭？
……
「你要勇敢地攀登」！只要向山頂爬，生命境界會隨之提昇；只要層層探索自我，即能開拓新生的喜悅！

探索，不是解謎、解秘，探索是一場場生命之旅。終始探索，豐富一生。

它是一遍遍自我清洗、自我革新、自我超越；當然也是一次次自我尋覓、自我建立、自我完成。

「吾心即宇宙」，探索此心、體認此心、透視此心，大千世界都在其中。

向它前進，生命必能獲得更真實的「安頓」。

背負

一、這是我在捷運車上讀到的一篇小品：

「這個世界是不見容美的存在的，所以，美，必然默默於一角。人群中，獨具隻眼的人，才有所發現；大部份的人，看不到它們，即令看到了，也陡生妒意——又怎能忍下那相形而至的《形穢》呢？

所以，美，必然要被打倒、被摧殘！傖俗是集體的，集體的傖俗中沒有美的位置。美，將被擊碎，而隨風塵飄零。」

作者顯然是不抱期待，又有些些壓抑的痛楚和憤怒；文中人群中的妒意，像一把無情火，四處亂竄；像一把無情刀，毫無理性地亂揮。

這顯然也很寫實，舉目所見，美的境遇，窘迫居多；但，我仍不願承認美是沒有位置的，我這小小的掙扎，是否有用？

二、這是我在書店卡片架上，拿起的一張卡片上的話：

「背負。

一個走不動的自己

一個放棄的自己

一個不願意面對的自己

一個又一個沒有收拾的問題

於是

不如意的事

如影隨形。

苦痛到吃力而不能自己

拿起酒瓶問天
不如清醒的面對
把一個又一個
拖得很久的自己
一一放下
然後，抱著一棵樹
大口呼吸。」

這張卡片上的話，在表達什麼？背負？是自己的問題、自己造出來的嗎？

啓示

我記下兩本書中幾句話，在此和大家一起省思：

一、從事佛學研究數十年的吳汝鈞先生，曾著「我在苦痛中成學」一書。作者自言對學術研究「生死相許」，以自己的健康作投注，結果有所成後引來種種重病；作者認爲這樣的健康狀況，「若沒有一套堅實的苦痛哲學作爲精神支柱，是熬不下去的！」

作者是要爲自己提供一套苦痛的哲學，解決自己最切近的生命存在的問題。任何生命都有可能從自己熟悉的、或原有的生活秩序中，突然被「拋開」——落入一個陌生的、茫茫的世界中去……。

試問：人，在這樣的遭遇中，能體驗出什麼？

二、精神醫師羅斯在親身經歷「臨終經驗」之後，她有感而發：「我對圍繞自己身邊的世界，充滿了愛與畏懼。我深愛一片片葉子、一朵朵雲彩、一根根青草、一隻隻昆蟲，同時，也感受到路上小石塊的生命在那裡脈動。」

試問：她想表達什麼？如何才能由衷對生命疼惜而敬畏？

思　絮

一、搬家前，我環顧室內，常感一籌莫展；直到開始行動，並賦予它一個意義——我是在完成自己想做的事，方有了頭緒。

二、我在這裡！人在窗前、書在架上、物品歸類……。這也是「天地位焉，萬物育焉」。

三、勇敢地做夢、築夢！是使生命維持活力的秘訣。

四、兒子來電，囑我睡前要笑，即使帶著「假笑」入眠也好〈他真是「說笑」，但我照辦〉。微笑之際，忽覺一切靜謐安詳，的確是「只要自己的一念一行改變，一切隨之改變」。

五、生命的救贖，真真切切在「自我改造」——包括鬆開自我！人之困境常在自己，當除心賊、心魔，繼之信心與境界的提昇，才能有此時此地的安穩自在。

六、我們一定要克服「較量」這一關，人生寶貴歲月，要用於去認識與發揮自己的潛能；我們沒有「假想敵」，我們的心力一絲不用於外物，我們只想全力以赴自己的人生。

七、一個人熠熠生光，無關其「出類拔萃」，在其是否能「珍惜自己也珍惜他人」。此心足以點亮一切。

八、懂得苦痛意義的人，才能超越苦痛。這樣的人，才能通情達理、才能散發溫熱——我們會讚嘆：他是怎麼做到的？竟然把一切的勞苦全部轉變成生命養分！

九、我們已漸知「世上幾無穩若磐石的東西」，但為何還呶呶於永遠、永遠……。

十、今天是父親節，我謹以此句——「未有不深於情而大其英雄之氣者」，向父親們致敬！柔情乃丈夫本色，承擔為父重任之源頭即在此情。

心安安心

「有人說，如果心上札了一根刺會很痛，

一旦把這根刺拔出來，

會流血而死；

其實，刺拔出來後，

也許不過是一個疤！

學會堅強、學會忘記、學會珍愛自己，

你找到的就是——快樂之源。」〈摘自《心安草》一書〉

我在書中先批：能近取譬，內審諸己；言近旨遠，力在躬行。

〈正經下評，也是好玩〉

另在引文旁加註：如果，我們沒辦法擦去發生在我們生命中的事，難道就心懷惴慄過一生？因此，學著接受什麼或放棄什麼，才能心安、安心吧！若能做一棵安住得此心的小草、一棵本心無傷的小草……，必是生機不絕於朗朗天地中吧！也必是自在自適、盡性盡致一生了吧！

〈批批點點，習氣不改〉

空亦不空

我一想到聖嚴法師所云：

「無事忙中老空裡有哭笑」

我就想哭、想哭……。

知空證空亦有哭有笑

這等哀愍有情之悲心！

千斤萬擔之不辭

水來火去之承當

這等不忍眾生之胸懷！
「無事忙中老空裡有哭笑」
智悲願行
何等啓示！
可抵一部經藏！

値得深思

不記得多少年前，在報端看到胡適先生留下的幾封書信，題目好像就是「胡適給韋蓮司的信」。

數篇書信的內容已不復記憶，但有幾句很清楚，胡先生在一封信中寫著：「其實我一向很寂寞，我只是用不斷忙碌的工作來麻醉自己，忘掉寂寞。」

我們不能只在字面上做淺層的解讀或輕率的論斷，「寂寞」有其深沉的內涵；如同「自憐」有其不可言說的境況。

有時看人間紛擾、世事混沌，偏又你是我非的演個沒完，像一齣齣膩掉的戲文……。

大家都得演下去，脫得了身、作得了主嗎？寂寞也只是清醒時一點囈語、一聲長嘆了吧！

無從把握

那天在淡水海邊，雨後觀音山的一角，斜躺著繽紛的彩虹！

那天在電視上，影片中一個純情的靈魂，正爲面目全非的愛情所折磨！

人間，是一個錯綜的畫面：美、愛、心願、召喚、絕望、鬱苦、陷落……；交互變換，無從把握。

是否無實體，美無由生長？是否無自心，愛無由成長？

瞬間消失的彩虹，撲朔迷離的愛情；留不得，握不住；竟相逼得人屏息失神！

其「機」在我

昨日曾寫不敢輕言一個「緣」字，乃感其「甚深微妙」而不可解、不可詮。那是一個「轉轉入、轉轉深、復轉轉出」的意境。

我們受限於自身閱歷、心智等不足……，所見、所取，非實相、非究竟；即使專注探索思考，仍有碧落黃泉兩處茫茫之感。

「因緣」是無盡的，在無可逃的無盡中，或只合默然領受。

今晨，在堤邊散步時，朱熹一言突然跳出：「你平生所讀許多書，記誦許多文章，所借以爲取利祿聲名之計者，到這裡都靠不住了。」……望著眼前潮來潮去，我那每有新悟即笑向藍天的毛病又犯了，我就那樣傻傻的、瞇瞇的笑。

是的，豈可憑仗什麼？我們一路走來所學習所經歷所體會所實踐，無非一個「本心」，「了悟自心」才有些些「挺住」的能力，它是根本，不能憑藉外緣，在外緣中浮沉，必然空餘一嘆。

知識未必解津，求智養慧以返照生命本體，鳶飛魚躍，其機在我。或可善盡此生了。

克盡此生

曾經看過「達賴喇嘛十問」記錄片，片中很多〔大哉問〕此刻已模糊，但深刻記得一問——未來若能選擇……？達賴說了這兩句：「我願回到偏遠的山區，像一隻受了傷的動物……。」

跳進塵寰，有血有肉、有靈有性的生命，必無可避免身心的受創；備受崇仰、終身修行的達賴，淡淡的回答，聞之心中一惻！

放眼古今，所謂「成功」、得權得勢者，同樣也是「一隻受傷的動物」，但卻拼了命的，想磨利自己的爪子再攻擊，或在得逞之後更加肆虐和報復；人類世界裡的互相殘害，才是人的浩劫——人間成了纏鬥不休的戰場。

人，只能埋下種子，無法決定種子一生的命運；人，只能往光明的方向前進，也不能決定一路的歷程；人，只能盡己之性或克盡「天命」；達賴一生，亦復如是。

克盡一己的生命是如此壯麗，壯麗如開展的史詩；但也如此淒美，淒美若迴旋的樂章，樂章裡起伏著對生命悠悠的哀惘，哀惘是克盡此生的信念和動力。

若得離開紅塵，回返自然，那隱入偏遠山區的受了傷的身影，是多麼令人動容，爲之惻測！

付與天地

螢幕上正報導陸客來台，不幸禍從天降的事件。

曾讀過南懷瑾先生一文，其中有幾句印象很深：「人的一生，是莫名奇妙的生來，無可奈何的活著，不知所以然的死掉。」這應該是對人生的通透之言，非悲觀語；但，人生就只是這樣嗎？若就是這樣了，那麼，「活著」是爲什麼？我們如何在這些「莫名其妙」「無可奈何」「不知所以然」的情況中，仍活得出興味、活得出光輝？

在橫禍事件中，清楚看到人生的無依無憑，傾一生之力追逐或擁有的一切，可以剎那消失！

人生的初始或可說，人生的終站無所知；這中間的曲曲折折，也是無助又無力的〈此亦非悲觀語〉。

試看兒童時期多無助，少年時期何嘗不然，成年之後就能保護自己嗎？每一階段的遭遇、環境，大半是無由選擇的；雖然，個人秉賦、出身、習性有關鍵性的影響，但，深入來看，人一生的種種轉折是蒙昧難明的；沒有絕對的答案，也無法確知人生必然的發展。

大家都想「活好每一天」！那麼，讓我們在這一刻，不吝去愛、盡力去愛，活出活力吧！

「豈無他憂能老我，付與天地從茲始」，且釋懷、且騁懷，灑灑然盡其在我吧。

一即一切

曾經不愛花，連畢業典禮上都婉拒同學贈送鮮花
曾經沒有感覺地漫步花叢，萬紫千紅也激不起我半絲漣漪
曾經看落英繽紛，只傷感它短促如無以挽回的宿命
而今，偶遇路邊一朵小花
我殷殷相顧，留下芳容倩影
它，不只是一朵花
它亦天地靈氣所鍾的生命。

（華嚴經有云：「一切即一，一即一切」，以此心看花，原來大千世界，形形色色，皆有奧妙。放開我執，萬物與我爲一。彼此亦攝受含納。本心相見，默爾忘言。）

〈刺鳥〉一思

在我年輕時，曾深深困惑於〈刺鳥〉這部電影，後來，也看了原著。

此刻，坐在桌前，突然想起它，想起作者的兩句話：「刺鳥付出一生，只爲唱一首歌。」「生命中最好的事，往往要付出最痛苦的代價。」

猶記得當時我愣在電影院裡掉眼淚，但是，那時我是真懂了嗎？不，我只是被曲折迷離、跌宕起伏的劇情所打動，我並不真能理解——法蘭克對麥姬說：「恨比愛單純、明白；恨，可以消失，愛，是永不停止的。」

生命要懷著永不停止的「殘缺」，走到盡頭嗎？

還是人，自己不認命、認份，被連串盲動所驅策，而自囚自錮？

世事不深的當年，如何領會？當時的感動是淺層的，惑於故事的離奇、惑於人的無力、也惑於人的執拗……，這無力與頑強，又是被什麼所控制、操弄呢？

我們又有多少能力抽絲剝繭，找到一切的本源？故事的發生和歷程，有跡可尋嗎？人有多少機會、智慧或勇氣去選擇自己的人生？

刺鳥中的神父，一直告訴自己，不，他堅信：「我的生命，屬於天主。」他對生命期盼很高，凝聚而專注於他的使命；但，曾經的那份觸動呢？

人生抉擇後的他，是從此心滿意足、還是空掉了一部份？或者，不必問、不必探，這就是人生！

什麼人生呢？就是當你覺醒：生命的確有一些真正寶貴又饒富意義的東西！但，都是太遲了！

是的，太遲了！永遠沒有決定的機會了！沒有補贖的機會了！這是否就是最痛苦的代價？

生命似乎就是如此詭異——碰碰運氣，或是，充滿掙扎、不解；找不到答案；在自己的囚室中獨處時，是怎麼面對自己？

生命會有這樣慘淡之境嗎？是什麼弱點制約了我們？是什麼情境剝奪了我們自主的

能力？在生命如此排山倒海的衝突、矛盾、盲動或軟弱中，能期待什麼嗎？必然是持續喪失初始那天真的、純粹的、晶瑩的一些東西……；只能再次說服自己：「這是我的命運，我不能選擇！我無能爲力！」

於是，一切歸零。生命的苦樂，甚或悲愴，也都無非是原野上拂起的陣陣風煙……。

也許、也許，刺鳥唱得歌，未必只是愛！刺鳥要唱深邃詭譎的命運——複雜的生命之歌！

歌聲迴旋起伏，但那有確切的答案？生命中的困惑終始存在！

瞬間人生

國學大師唐君毅先生曾說，當他下筆時，總有一種「柔情忐忑」的心。我以爲，那正是對生命有深度的體驗和理解的心情。

當我們目睹了「生老病死」的實相，體會到人生的迅疾無常，我們更殷切的想知道：在這瞬息萬變中，我們能維持什麼信念？

首先想問：生命何以發生這些事？悲劇一定不能避免嗎？

其次再問：當生命崩解時，今後何去何從？

每個人的一生，都必然遇到試煉，或早或晚或內容不同，但人人皆無可倖免；淬勵後的生命，方有力量前進和創造。

日新又新，不是勉語；它是生命欣欣復生生唯一的憑恃。

這是人生最實在切要的問題。我們一切的所學，可說在幫助我們認知這一點，進而承當、實踐。

這是劫難之後，勇氣與智慧的極致，以淚水後的清明和通達看人生。

如是，一切嚴厲的考驗，終有了意義。

此時此際，全民的教育正在全國展開，我們當正視：天天在演示的「生命教育」「心靈教育」。教育部不必再辦任何活動，教育主其事者必噙淚看全民如何在激烈的「沖擊」下，輾轉上著難以承受的「生命課程」。

歷史常見：最陰暗的時候，正是黎明之前；最絕望的時候，適足播下希望；嚐到人生的辛酸，才能自救和救人；察知一切「苦、空、無我」，才恍然什麼是迫切——成長、相愛、渴求新生命！

這瞬間的打擊、這不堪忍受的苦難、這猝不及防的災劫，是多麼殘酷、又是多麼深刻的教育啊！

過去，我經常在班會上叮嚀：不要辜負自己所經歷的一切啊！

瞬間的人生，上了永生難忘的一課！提筆思人生、思眾生，胸中餘痛難已⋯⋯。

面對自己

今午，與友會晤、漫談，語似「正經」似「無聊」⋯⋯。

一、什麼是你最信心滿滿的能耐？什麼是你最缺乏的本事？

二、什麼會讓你情不自禁的流淚？什麼會令你笑得停不下來？

三、什麼最能讓你張開眼睛？什麼最想讓你閉上眼睛？

四、什麼使你感到疲倦？什麼使你躍躍欲試？

五、你是否也找過「替罪羔羊」或若無其事的「落井下石」？

六、你是否「錯愛一個人」或「錯惡一個人」？「覺醒」之後如何？

七、在「時間」中，你自覺獲得的多還是失落得多？

且把閒聊重心留在這裡，權充一個小小的「遊戲」。

誰以苦心為

高行健先生曾說：「他爲自己寫作」。我的體會是他要陳述對生命的思考及感悟，他要留下生命的歷程和對生命意境的嚮往；所以，他本身就是寫作的根源，自己就是寫作的資產，自家生命就是無盡藏，取之不盡，用之不竭。

日本作家遠藤周作的「深河」，有一個主題：「人間深河的悲哀，我也在其中」，此句頗堪細味；書中作者蕩蕩悲心、浩浩胸懷，就是一條可包容世間一切的河流。作者就是要有如是感情、如是理想、如是超然的視野、如是深邃的洞察力，才能在凝視人生實相之中，淨化混亂的思慮而代以虔誠的祈求，並繼以無私無我的付出超越種族、文化，克服偏見、狹隘；在彼此不同的背景和經歷中走向相融相通，共生共存，大家才有攜手渡河、同到彼岸聚合的一天；這個精神，也是寫作源頭。

貝多芬曾表白：「在把我所感覺到的東西全寫出來之前，我是無法離開這世界的。」所以，他以掙扎以衝創爲自己突破，開創新生，這正是許多作家同樣的色彩；他們的力量，也都來自一顆不屈的心靈。

他們共同的特色，在都能堅毅的直面生命的重重試煉，並竭盡所能的活出自己、展現生命的高度尊嚴；並以對文學藝術的執著，開發自我生命源源生機——如果生存真的是這般血淚交加，豈能辜負他淋漓鮮豔的本質？種種不辭不悔的投入，正是創作者對生命的極至尊重與親身實踐。

（本文乃稍稍回覆一位同學，有關寫作的問題）

寫於七夕之前

七夕前夕，我願天下有情人：

互相珍惜

溫柔相待

誰也不必是「最好」，但，彼此衷心願成爲「最好」；生命可無止境的成長，那是愛給予的力量，也是對愛最高的回報。

曾爲情愛寫千萬字，而今執筆，只念念「寬諒」二字；此中深意，不盡表述。

此外，當知「感激」。即使未開花結果，思及伊人，滿心感念。國學大師黃季剛先生，曾有一詞，贈其年少時攜手過的紅粉知己：

今生未必重相見，遙寄他生，誰識他生？

緲緲纏綿一段情，當時留戀誠何濟？

知有飄零，畢竟飄零，便是飄零也感卿！

這數言，有寬容、有理解，於己於人皆留餘地餘思，可謂「深於情」復「達於理」。如是，人生豈有遺憾、豈有無奈？超越成敗對錯，回首前塵，每一場相遇，必然都照亮了生命。

當然，情未必皆縹緲，也終得宿願，共結連理者；悲歡人生，有伊相伴，自是心滿意足。

誠知：情多累人，情淺誤人；但，這由得自己加加減減嗎？只期終始一心純真，不悔不怨，這，何等擔當！

人生情劫無辜、情怯可解、情傷難躲……，正是大錘鍊！通「關」之後，豁然開朗，步步前進！一一釋懷！

原來，自家性命之光輝無損無減！那日漸成熟的心，既可直面承受，亦可包容含納，或容它於心靈之一角。

陰晴圓缺，乃自然之道；人事何嘗不然？事可無痕，惟情難了，幽幽低迴，也是人生譜出的樂章。

最後，我再願天下有情人：
憐取眼前之人
共享此時此刻
淘盡胸中塵埃
猶是冰心一片

所謂伊人，在水一方

睽違多年的同學，那天問我一句：愛情爲何這樣苦？我一時答不出來，竟然如此回覆：「察覺了苦，其實也顯現了你的能量。」我似答非所問。

我不知如何說：若「背叛」是愛情的險境之一，可畏的不是對方的背叛，可怕的是

「自我的背叛」。

我不知如何說：愛情的苦痛，在其無法自主，甚且難以自助、自救；「人力不敵天命」，亦爲愛情現象之一。

我也不知如何說：在愛的世界裡，所謂「理智」，有時卻是阻礙——它限制了自我的成長；未經幻滅、未經莽撞；沒有愚昧、沒有錯誤…，如何得識愛情？

我更不知如何說：如果不曾哭得像個孩子，如果不曾向天吶喊、對地頓足，或像一場夢境醒不來……，也無法成就自我生命；痛定思痛，豈不爲最好的導師？

愛情爲何會苦？爲何會是陷落？會是迷失？會成爲笑話？會讓人呆坐一角慘慘切切的流淚：他〈她〉爲什麼不要我？

哦！孩子，我要怎麼跟你說：不是愛情愚弄了你、遺棄了你；你是被自己愚弄了、遺棄了！你是被自己的熱情〈或者匱乏〉所驅使、所蒙蔽，你駛進茫茫一片迷霧中了；你找不到的是自己的心，你慌亂的錯失「班次」，你注定得在此岸，飄泊徘徊，看看霧散時，能否找到回家的路。

這一切，是你的罪愆嗎？

你只是想有一個可以相陪的人，一種安穩、信任、一個相互依賴的關係；或者你把欣賞的特質、人生的嚮往，投射於對方。

如是，爲何使你受苦呢？即使屈就、即使奉獻，結局竟仍是「不知怎麼辦」？

我實在不忍對年輕的孩子說，愛情是不能企求回報的；在我們高三的課堂上，常常讀到詩經蒹葭一篇，令人一唱三歎：能否容我借喻，那可望不可即，就是愛情的最高點！

「所謂伊人，在水一方」——感受得出愛情的苦與美嗎？

所以，愛情要怎麼說呢？我們對自我生命的荒蕪是如此恐懼，但那一片郁郁青青的美麗世界，卻常在遙遠的彼岸！更何況那有穩若磐石的外境呢？

我沒有把握說得對不對？孩子，請不哭、不自責！若上帝也動了心、愛上了，我想祂也會「展不開眉頭，捱不明更漏」！

愛情的確就像「遮不住的青山隱隱，流不斷的綠水悠悠」啊！

察覺它，就能面對它、承擔它、或不拒不避——品味它。

生命之旅

痛

那是真正的痛，在我心底。

曾經，我救不了一個孩子；從高二到高三，我帶了他兩年。

他內向、拘謹、顯然不知也不習慣與人接觸或親近；總是沉默到讓人忘了他的存在。接近他，他頂多給我靦腆的一笑，其餘只有點頭、搖頭；但，交來的週記，卻是密密麻麻不留一絲空間。這是個特別的孩子，有格外令人心疼和難解的特質。

那年，竟聞噩耗，在他高中畢業後第四年。

年輕時，面對悲劇，常是茫然；似被迫面對狀況，多得是情緒的波瀾；現在，對生命體會漸深，頗有無語對天之感！

無法忘記那個心灰心碎的母親、那個抱著我哭得全身顫抖的母親、無法忘記她在我懷裡的嘶號！

那段期間，我曾努力回想那兩年：我以爲盡力陪伴與傾聽，就能給他一個安心的少年時代、就能幫助他了嗎？就能植下他往前走的力量嗎？

竟然在大四那一年，離畢業只餘一個月，他，卻獨自走了，不回頭地，跳入另一個世界！

理智上、知識上，我知道該如何解析生命的殞落；但，就是痛、就是痛——痛於人的無力！

我看到了愛與親情也救不了的事實；雖然，生命悲劇有許多個人的特別情況、有極複雜的因素。

我常和學生討論：

我們如何認識自己、認識處境？

我們如何面對自我局限？

我們如何接受不完美的人生？

我們如何在其中，找到一個自我的支點？

再具體的說，我們如何與自己的孤單、寂寞、沮喪或憤怒相處？

或者，我們如何才有能力不去想「被愛」「被接受」；而優雅自然的去愛、去接受？

當學生垂頭喪氣地來到我身邊，我鼓勵他們和我一起去想像陰霾上的藍天！去向長天大地放歌、騁懷！我切切重複，總有可以使我們昂揚、開闊起來的東西！

讓我們學習再去愛、再保持愛的能力！

我以爲多多少少能爲孩子們注入一些力量，適時點盞心燈，照亮晦暗的心靈！而我卻依然不能照拂每一個和我相遇的學生！

他像流星劃過，我不及回神，他已倏忽消逝……。

沒有人可以追回什麼、補救什麼；沒有人可以解釋，一切心理學的知識、一切資訊、甚至於愛——都拉不住！

他究竟積壓了多深多長多重的、不爲人知的鬱苦！思之猶痛！

創傷

他的十根指頭，被自己啃得不到半截，也總是緊張的坐得筆直；他沉默且獨立。在浮華的世界裡，在青少年快意的年代裡，他顯然是「不合時宜」；當他倏地藏起手，我也默默地挪開腳步——他有不受人憐的倔強、他有不欲人知的隱衷。

孩子的境遇有千差萬別，有小霸王、小公主，備受呵護，以致唯我是視；也有一些小可憐，常遭漠視，久受壓抑；若不幸在年幼時，即被逼面對「成人扭曲的心靈」，更是一種「隱性的創傷」。

在孩子身邊越久，越不敢自視爲「導師」；教育園地，只要輔導孩子考上好大學，其餘「相安無事」似已圓滿。

教育只是這樣嗎？我們面對的是生命，生命應該擁有的是什麼呢？

我爲自己的工作，定位在「陪伴」，陪伴需要陪伴的人，照拂需要照拂的心；陪伴的能力，在教師自我要求「不斷成長」。

我多麼想念曾經和我一起勇敢正視生命傷口的同學，不再躲藏，不再害怕，不再過早即分裂成兩個我、三個我，去面對他無所適從的現實。我當然不會刻意去探知孩子的歷史，但，年輕臉上的愁容絕對令我不捨；在生命問題之前，我常常是忘了任何教育理論和輔導技巧，我就只是向前、想靠近、想大聲說：沒啥問題！只想拉起同學和我一起笑、大聲笑，管它八萬四千煩惱，遠不如當下痛快一笑的真實！我們還偷偷笑舉目可見的偏執態度──來自那「生鏽」的心眼……。

我曾和很多同學勾手相約：要把自己培養成一個「寶」──是不是寶，不取決外在眷顧，但看「如何看自己」！

個人生命史上的遭逢，的確得完完全全由個人理解、承擔；旁人的愛，有時是無能爲力的！自我救贖的第一步，也許要學會怎麼去接受自我「如實的一切」，也以不已的精進──時時覺察，克服舊我，再造新我：一個不求告、不申訴、踽踽亦自在、不時哭得出來、笑得出來的新鮮生命。

是否可以這樣的態度看待生命中無可選擇的那一部份呢？

是否可以活得如一座青山，飆風驟雨，都是一時？

我想念曾和我一起淚下，一起朗朗大笑的同學……。「痛苦過去，美會留下」，誰說創傷後的心靈必然殘缺？它不虞活水、它美景無限呢！

回覆

印度智者的故事

一位十六歲的少年，去拜訪一位年長的智者。

他問：「我如何才能變成一個自己愉快、也能夠給別人愉快的人呢？」

智者笑著望著他說：「孩子，在你這個年齡有這樣的願望，已經是很難得了。很多比你年長很多的人，從他們問的問題本身就可以看出，不管給他們多少解釋，都不可能讓他們明白真正重要的道理，就只好讓他們那樣好了。」

少年滿懷虔誠地聽著，臉上沒有流露出絲毫得意之色。

智者接著說：「我送給你四句話。」

第一句話：「把自己當成別人。」

你能說說這句話的含義嗎？

少年回答說：「是不是說，在我感到痛苦憂傷的時候，就把自己當成是別人，這樣痛苦就自然減輕了；當我欣喜若狂之時，把自己當成別人，那些狂喜也會變得平和中正一些？」

智者微微點頭！接著說：

第二句話：「把別人當成自己。」

少年沈思了一會兒，說：「真正同情別人的不幸，理解別人的需求，並且在別人需要的時候，給予恰當的幫助？」

智者兩眼發光，繼續說道：

第三句話：「把別人當成別人。」

少年說：「這句話的意思是不是說，要充分地尊重每個人的獨立性，在任何情形下，都不可侵犯他人的核心領地？」

智者哈哈大笑：「很好，很好。孺子可教也！」

第四句話：「把自己當成自己。」

這句話理解起來太難了，留著你以後慢慢品味吧！

少年說：「這句話的含義，我是一時體會不出。但這四句話之間，就有許多自相矛盾之處，我用什麼才能把它們統一起來呢？」

智者說：「很簡單，用一生的時間和經歷。」

少年沈默了很久，然後叩首告別。

後來少年變成了壯年人，又變成了老人。再後來，在他離開這個世界很久以後，人們都還時時提到他的名字。人們都說，他是一位智者！因爲他是一個快樂的人，而且也給每一個見到過他的人帶來了快樂。

〔以上是好友「留言」，囑我寫看法；謹在此回覆〕

覺之人生，因覺而生悲智、因悲智而出離情境；識「苦空無常」，才有不沾不滯、恢宏曠達的胸懷。克服自我，昇華性靈，於人於己皆留餘地；一息之存，以此地此時之熱淚熱血，灌溉人我或至荒蕪的心田。

或不能至，亦爲方向。

第一句話：「把自己當成別人」，是理解眾生皆然。生命都在無常的變幻中，苦樂是一時之境、片時所感。千千網、百尺浪，都無實體，萬法惟空，現像豈可恃？

第二句話：「把別人當成自己」，那是仁心發露、自性彰顯、是「同體大悲」的實踐；體會生命共同的處境而有切膚之感，也徹知自我所欲之虛幻〈虛榮等之誤人〉，頓悟助人之生命意義。

第三句話：「把別人當成別人」，不斷學習中的自己，就是不斷展現對生命的尊重、對個體的尊重、對自然萬物的尊重、對眾生差異的尊重；不再以個人主觀感知去輕意撻伐指責，能以較高視野去看生命本質的難處〈個人侷限、歷史背景……〉。見人「中箭」，不會幸災；看人「鎩羽」，不會樂禍；將心比心，推己及人，哀憫之心高於一切。

有至痛的領悟，就有更新生命的機會。人人當致力於一己生命的成長——以今日之我戰昨日之我，念念於此，何須日日「耘人之田」？

第四句話：「把自己當成自己」，此生如何「完成自我」？何等至要！回首自己經歷多少迷惑、顛躓、再生……；屢仆屢起，難道只爲一個小我？在真切的悲心與可貴的智慧出來後，「自己與眾生」無異、合一，也無之前較量差等好惡……之樊籬。入紅塵以奉獻，出紅塵以靜修。此心「清醒」——以「如來藏」開顯如來藏；清清楚楚、明明白白的「了此生」「盡此生」，隨緣自在，心田長青。

此心但求一絲無愧，淚點常淨此身，尚復何求、何憾！各有因緣、各有果報……，勿自視「正氣凜然」，一定要選最大的石塊投向「罪人」嗎？期以悲智看人看己並修福德。匆匆此覆，語多不全。

童年

上週十一月二十日，是「世界兒童人權日」。當天的電視中，有一則四歲小女孩被虐致死的新聞；對比於當週沸騰的緋聞事件，它是一個被忽略的報導。

這個小妹妹的生命已無可挽回，那麼，這個社會，那一個角落，還有一樣哀哀無援、瞬間被摧折的生命？

我曾在電腦前，怔怔的坐了半天，想爲這件事寫點什麼？我沒有完成；現在，我看著當時寫的一句話：這個孩子多需要一個家，一個能讓她安全長大的家。

電視正重播羅大佑等人在北京的演唱片段，四個大男人在舞台上唱那首「童年」。寫實的歌詞，是那個年代的印記。但「等待遊戲的童年」是無時代隔閡的；每一個孩子都應該有一個「迷迷糊糊的童年」以及一個「盼望著假期、盼望著長大的童年」。

我還是想寫什麼，我那硬生生壓抑的想爲孩子寫什麼的心，在「童年」的旋律中起伏！誰知一開電腦，竟先看到一篇文章，題爲「沒有童年的孩子」——記錄著在雜技團裡小演員幕後的真實狀況……。

我一下又愣住，不知我下筆的重點了！

我只想問：一個人的童年回憶會是什麼？影響有多深遠？

記憶裡可以沒有玩具、沒有旅行、沒有遊戲；但記憶裡若只是恐懼、被嫌惡、棄絕……，這個孩子要怎麼長大？

我不能斷言人間最大的殘酷是什麼？我看過一些有史實價值的戰爭片、一些人類史上艱困生存的記錄片；但所有的震撼，都不及我曾親身接觸過的一些幼齡孩子「孤單掙扎」的成長。

在這個世界裡，有人是沒有童年的；或者，童年裡，是沒有笑語笑聲的！

有些生命，是如此無辜、如此無解、如此無力——最可怕——如此無告！

風雨中倖存的孩子，會有什麼姿態？

能克服童年創傷而不斷成長的生命，猶如一則則傳奇——有著天命也奪不走的美麗。

水喻

電視，正報導宜蘭的水患，民眾愁苦，溢於言表。中阿含經有水喻經。文中描述世間有如滔滔之勢，眾生則在各式各樣的「水患」中生存。

它向我們提出：

是否曾細膩又深刻地觀察過水？

是否了解其性質、是否可排除或駕馭之？

再用心觀照自我：

是否在不知不覺中已爲洶湧不已的大水所淹沒？

是否因此泡在水中，泡在思維、情緒、欲望……之中？

眼前的水患，是滂沱豪雨的天災；而我閉上雙眼，卻彷彿看到宇宙無盡的大雨不止，遍處皆滔滔之勢——生靈所在，水患俱在。我們所依所止的美好家園，竟在一片橫流中。

有形與無形的水患，都可一夕造成！

那一夕之間驟雨侵襲、山崩土裂，頓時望鄉興嘆、「回不了家」！

那一夕之間的心海千尺浪，也足以使人如沉不可測的絕望、幽暗中！那裡是「回家的道路」？

對此茫茫——內外兩境的茫茫，如何不「心驚肉跳」？「鬱結中懷」？徬徨不安中的自己，面對生命之流奔瀉而來，真的只能隨之不停地流轉嗎？我們習以爲常了嗎？

外境水勢不減，一波一波相續；內境亦暗潮洶湧，一浪一浪撲來，何遑喘息、何以面對？

如何維持清醒？如何自渡彼岸？

宜蘭水患，朝夕之間，處處見一片泡影；而我們的生命，一如水之無常、亦如水之兇險；載浮載沉中的脆弱生命，如何「出離」呢？

自拔

昨日報端，偌大畫面，是某前立委捲起袖子，讓記者拍她的新傷、舊傷；今日見其隨夫返家，看來「雨過天青」。

這浮世繪一幕，已是「明日黃花」。我無意評論，只想以人性角度、生命立場，略抒感觸。

之前，曾提及「西藏生死書」中有一詩，以「我走上街」和連續「我走上同一條街」，到最後一章「我走上另一條街」爲喻，平實淺顯的將人生的實相揭露了出來。

第一章在說，人行道上有一個深洞，「我掉了進去」——想不到這個路上，竟埋藏如此可怕的深洞。

第二章到第三章，再度「我走上同一條街」，但，前車之鑑無濟，再次落洞；即使明明看到，也知道掉入的痛苦，仍未免於「同一個地方墜入」。

重複著相同的錯誤，承受著相同的痛苦——這啓示了我們什麼？

爲什麼生命會無休無止的受苦下去？

在歲月裡，我們是否虛擲了太多的時光和付出了太多代價，去面對自己不知不覺養成的習氣和它所造成的錯誤，以及它帶來的身心痛苦。

不變的思維和生活態度，會把人弄成什麼面貌？

此一事件，一方自承非常「依賴」；依賴乃人性，所愛雙方相互依恃並非錯誤；但若在變質扭曲的關係中深度依賴，足以爲憂。親密的只是關係，而非心靈；生活中的溫暖與鼓舞何在？如何不身心俱傷？

在不諧的婚姻中，雙方的「纏縛」，會導致可怕的「窒息」；加害者與被害者，久之會成爲同類，彼此一起陷溺，一起以荼毒自己也荼毒對方的方式，共向毀滅。

我非指這一事件，婚姻弔詭的是：它確是人最大的幸福——由兩顆不斷學習、不斷成熟的心所締造；但它也可能是人生裡最無力無奈的一環。難以想像在希望與絕望之間的擺盪，是何等苦澀！婚姻的殘害是剛愎與自私，當二人世界只剩下「是非」，這個城堡早已荒蕪了！

這個事件，暴露了很多很根本也很究竟的問題——我們是怎樣在活呢？如果，心，一直沒有覺察、沒有改變，那會是怎樣的狀況呢？會不會剝盡生命的自尊與自信？人，要怎麼面對自己、找回自己呢？

我敲下最後一字，起身看窗外——千江有水千江月，世間恆有它不絕的生機與美麗；人，當如何識自性、自拔困境呢？

閒筆

那年，走在地球最北端之地——前往北角的途中。

那是退休前夕，遠走天涯。

是的，那也是一個小小夢想的實現——不爲什麼的，就是走一趟遠方。

我總是有夢。在每一個「不可能」的時際，我做著「不可能」的夢。試著，把一切浮上來或潛在的不可能，稍稍「變化」一點。

常常，只要有一點點的改變，就感覺希望無窮。我享受於這小小的滿足，乃至於夢想能否實現，就成了其次的事了。

我雖乏善可陳，卻不覺匱乏。若有一項本事，就是在「瀕臨」什麼時……，起身去

散步，或放樂曲舞動，或者傷心的掉幾滴淚；近年，不知何時學會了哈哈大笑。

隨後，我就忘掉了。

真的不知該氣自己或讚自己，就是很快地忘記了、忘記了人間有什麼「怨」什麼「恨」？不是我寬容大器，而是我不要生命留在那裡。

我感念生命中適時出現的「貴人」；也接受生命中很多「無能爲力」的事實。

歲月不會放過任何生命；夢想也不斷修正……。

天涯無異咫尺，咫尺也是世界。後山漫步，一個接一個的宇宙在心中開展，多得是難以言喻的妙思。

桌前爲我兒我女、爲交會的生命、爲緣份牽繫的人，譜一點心曲——祝禱它化爲養分，潤澤相逢相親的生命。

或許，對這奄忽的人生，就有些些交代了。

喜歡這張照片空曠無際的背景，蒼蒼莽莽的大地，既奧祕又真實。

如同我一個個似圓滿似迷離的夢。

見證

昨晚，台北遠東國際飯店，我十六年前的學生俊吳和佳靜，在此婚宴。他們邀我出席，爲他們的愛情到今天的圓滿，做一個見證。

我見證什麼呢？

那一年，他們只有十六歲，是我從女校任教十多年後，首次接到男女生合班的班級，他們之後，我轉往男校，也有十餘年時光。他們這一階段，只有短短三年，我從高一陪伴他們到高三。

我見證的是「兩小無猜」。懵懂、純真、我見猶「憐」。我提醒自己，要守護他們……。

即使他們會上課不專心，偷偷看對方；即使他們會忍不住傳紙條；即使他們午休時間仍會嘰嘰咕咕……。但我同時也看到在單純的喜歡中——少年男女的思慕是更大的功

課；我不能以「成人」角度去斥責什麼，我只叮囑：不要讓父母憂慮；和他們約定：成爲好的典範；更不時說：喜歡對方，就是「和他一起成長」……。

他們沒有耽誤課業，當屆雙方考上不錯的大學和科系。

接著就是十六年的歲月翻飛而去，這是一段不算短的日子，這中間必有考驗——會發生多少事、會經歷多少事？今天結成正果，那應是一種「驀然回首，依然是你」的信心和決心。

我知道，我要見證什麼了。

見證這份純真的感情。之前，單純的喜歡；之後，深摯的相愛。歲月沒有侵蝕當年的純情，這份終始的「本色」是他們情感的堅固基礎；成長，讓他們更堅持所愛、相信對方，願意一起繼續作夢、一起實現。

我要見證這份感情的美，美的感情是由真、由善，結合而致的善果。

當年青澀少年的感情，是何等脆弱的根苗，而今長的如此茂美，必然是兩人的用心呵護、一起努力〈進步、成熟，會更懂得互相珍惜〉。

做爲他們高中三年導師的我，欣喜赴宴，滿溢感動。感動使我在台上語無倫次，我只想表達，祝福他們永遠保有這一份純真，並珍惜相伴的十六年，乃至更多更多的十六年，一起體驗人生、一起享受人生。

幸福

走在冬陽中，溫煦的幸福之感是如此真實。我想起昨晚育君——當年明倫高中三〇一的學生，捎來了喜訊，婚紗照中的新人，那種幸福感，也真切可掬。

我因此想：幸福是什麼呢？幸福的人、幸福的事——幸福有特質嗎？

看著新人喜氣洋溢的照片，我試著回想新娘十六歲時的模樣；今天，已是「台北市體育處政風室主任」，而且出落得明麗大方。這個歷程——這個認識幸福、創造幸福的歷程，有些什麼呢？

幸福可能是「遇」，但，幸福的認知與能力，才是找到幸福、保持幸福的「必然」吧！

高中時代的育君，就有「幸福的特質」，隨著成長，更加彰顯；我想「點」出來，一為新人賀，再勉三〇一同學。

我嘗思：千年詩教的溫柔敦厚，有時，費盡心力未必教得，一旦心領神會，即可淋漓呈現。敦厚不會「退時」，敦厚足以養福，三年的時光，我看到她擁有的這項幸福特質。

我曾驚訝小小年紀的她，那處處認真以赴的態度。從明倫高中到輔大法律系到畢業當年考上高考，這一路看似平順，其實從意志到實踐，步步紮實。而今，愛上一個人，要成一個家，育君會是如何的付出呢？

我也曾想：生命中的「紀律」，是一個人作爲的重要因素。紀律，不是強制自己，而是「管理自我」，並在紀律中平衡生命，培養面對問題、處理問題的能力。育君不負所學，她懂得以紀律來凝聚力量。

許多自然又平易的道理，在她行來，也是同樣「自然又平易」。

有幸福特質的人，才有幸福人生。

想一想，不逞強不爭忤，也不逃避，從容活出自己的人，是何等幸福！

此外，幸福的另一特質，是能自覺自己是「幸福的人」，「幸福的人」比「有用的人」〈幸福也可大用〉，或更豐富快樂。

幸福尚有一項特質，在能保有自己的純真，不論境遇如何，沒有「意必固我」的氣味！心境平和，既不和自己糾纏，也不與他人糾結；幸福人生有一種明淨、俐爽、調節的旋律，一種自在自適的和諧。

祝福益大和育君：「執子之手，與子偕老」。生命就是有享受幸福的權利。如同我們享受夕陽、藍天大地、一花一葉……都彷彿能觸到、嗅到——屬於生命的幸福。

幸福〈另一思〉

大家何以在幸福的面前躊躇呢？

是否可容如此說：爲他人造幸福，可由意志來貫徹；爲自己求幸福，未必可由意志來實踐。

若是，那麼，對幸福的體認與追尋，究極是放下自我的包袱，心心念念在所親所愛、乃至一切生命的幸福。

換言之，常思我父我母我子我女、我所識或不識的人，因我而得幸福……。這，是否即足以令我們開懷？

幸福不是一個空洞的字眼，它多麼真實！我們都有過快樂時光——親友和睦相聚、所愛常在左右、找到位置……；但，幸福也的確縹緲！親友會成陌路、所愛在何方、志趣難伸……。以致我們定義幸不幸福的標準，常在環境是否順遂、心願是否得償。

偏偏這所欲所求，不照我們的意念來，得失的恐懼讓幸福變得「若即若離」，我們似乎飽受捉弄；這是怎麼回事呢？真的是我們要得太多、也太殷切？

什麼時候，我們才能恍然：幸福，不是外界給的；今朝的幸福，是因緣的和合，如同我們趕上了一場美妙的盛會，月光、微風，都來成全；我們成為上帝眷顧的寵兒，幸福感讓人昏眩，沒有心防，心門全開——「今夕何夕，見此良人」，這，難道不是千古以來的共同幸福嗎？

這樣的幸福經驗夠不夠呢？原來，從這一點開始——理解生命相互取暖之必要、喜歡全心全意的當下、不再只牽念自我幸福與否……，至此，足以有了創造幸福的能力。

終於肯定幸福不是一陣雲煙，是雲煙過後依然發亮的心，它是有生命的，它可以持續生長，也長出不同的面貌和內涵；不容定義、不能較量，它如人飲水，生命各自有他的幸福——各自以自己的心去相應那個幸福。

幸福的涵義不盡，我只取其一義。是的，幸福，就用那一點心來連結——願意連結，豁然有悟。

相互一笑

今晨，在朝陽中醒來的我，如孩子一般，站在陽台上和含笑的遠山打招呼。喜歡這般自然的感覺——揚起的嘴角，無需任何理由。

有一次，和一位同學在電話裡，不記得談到什麼，突然覺得好笑，就在這一端哈哈了起來，對方一愣，竟也隨著我大笑不已；我們各持一筒，笑到前俯後仰、欲罷不能……。後來奇怪，有那麼好笑嗎？我們是那根神經不對了？

其實，笑，不複雜，越簡單的感覺，越笑得痛快！就是順著想笑的心情，放懷地笑；當笑聲停住，長吁一氣，但覺渾身細胞舒展，遍體通暢；原來，靈丹妙藥，就在自家心中，一笑復一笑，眉間心上赫然一空。想所謂「達人」就是——笑笑笑，笑開一切、笑納一切！

這次回校代課，二〇四班有位同學，特別愛笑，呵呵之聲常繞耳際；他也不亂笑，笑得其時，笑得真切；直覺這小子福氣不淺，天性能笑，樂己樂人，能量充沛，也是得天獨厚。

笑，確實是一種力量；若覺得「我快要沒有力氣」時，就想辦法讓自己笑吧！試試看，「無路」時，笑看蒼茫一片，回頭走時，一定能發現新方向。

我猶愛發自內心綻開的笑，那真是滿滿生命味道；想想那情有所不禁的感覺，真是人生最美好又幸福的事。

受苦時，還能不能笑？誰能確知自己的潛能？誰說不能在無望中種植一朵希望呢？雲破月來的清明，可以讓人忘了之前的漫天陰鬱。

戀人分手時、挫敗當前時，能不能以笑易淚呢？留下一個釋懷的微笑，想必會有一個「逆轉勝」的未來人生吧。

的確是「受苦的人，沒有悲觀的權利」，或許大哭之後，竟激發了大笑的豪氣，也能開展新局面吧。

相信了嗎？笑，能解開心靈枷鎖、提醒了我們存在的快樂、創造了一個不可思議地妙喜世界！我相信：會笑、懂笑、喜歡笑……，時時可「脫胎換骨」！

能笑真好！且在眼前一瞬，相互一笑吧。

去年此時

去年此時，我在美國芝城，芝大附近住了三個月。在校園裡，在湖邊，仰觀俯察，心境亦多轉折。有所觸動之際，筆下似不可止；惟我自知：胸中風平浪靜。

越勇敢地面對生命，越感到開展與提升的能量。這個歷程，看到混沌、看到有限；也看到突破、看到——放開。

那些生命之流裡的…種種情境，順著筆解開、順著筆脫落、順著筆安穩。

不會再以得失、成敗、多少…來看人生了；也接受人生可爲或不可爲的事實。當品嚐每一個「現在」，並在「此時此地」中創造——無企求無等待地創造。

我鼓舞著孤燈下堅定的背影：所思、所感、所言——斑斑生命刻痕，體現了什麼？

崇光女中……

那天，參加崇光女中退離人員聯誼郊遊。我雖不在崇光退休，但服務其中十餘年。

傍晚回到學校，看到一扇扇紅門，竟直奔想找「高三智」「高三義」……，卻遍尋不著，原來教室早已遷往校園的另一處；我當年的辦公室，也早已深鎖，門前那株樹也不是舊時模樣了，果真物換星移，成一場場「夢痕」了。

那是怎樣的歲月、怎樣的心情？好單純的一顆心啊！就是熱愛自己的工作、就是憐惜眼前的生命、就是甘心情願做一切；不是外境所逼，它發自深心——以自己生命中提煉的東西，去灌溉一顆顆心靈。為師者

的信念是由工作中的震撼、反思、覺醒、愛憐……而逐時建立。那是唯一的依憑——有力量去引導的唯一依憑。

對教育感動的人，才能發揮教育；感動來自生命觀照、生命體驗；在巨大磨難中脫身，不是靠知識技能，主力在「靈明本心」。以自性召喚自性、以性靈映照性靈、以本心滋潤本心，那點點滴滴的源泉，必將成爲生命最初始的啓蒙和長遠的動力。

我坐在小小的校園裡，凝望著那些「紅門」；那些年、那些年，我也在跌跌撞撞，一層一層的重擔令我步履艱難；但，那一扇扇紅門裡的青春和生命的本然之姿，鼓舞著我！爲師爲母，也只在本色，就是靠近，就是付出——那是自然的流露、自然的快樂；面對孩子，也不自禁地一身活力；感受和孩子們一起成長是何等的福報！

如果我在那些年裡做了些什麼，不是留下什麼書、什麼敘獎……；我留下的，只是一點溫度，孩子們在自己的人生中，也不免猶疑困頓時，心中或能一亮——所遇所歷只是人生片段的歷程，俯看此心，依然晶瑩、柔軟、溫熱，就沒有什麼損失吧！願那一時一點的溫度，在歲月悠悠裡，能偶而浮上心頭。

原來，生命彌足珍貴的，只在這裡；被啓發的心靈，將源源湧出力量！此時，當不被較量所傷、不爲失落所苦……；認真的自我造就，有無限的充實和滄桑世事剝奪不了的自信自足。

在紅門前徘徊的我，回憶如潮……！這些紅門，是學校的特色吧，它們即將拆除，改建新大樓；再回來時，更難覓昔日蹤跡；但，曾經相遇、交會、曾經閃耀在教室裡的「心智的火花」，必然在時光的淘洗中更清亮美麗吧。

心靈鐵窗

午後，窗外陰冷。我偶然看到一部影片：「心靈鐵窗」。

我是被主角那一臉的純真所吸引，但接下來的情節讓我心驚肅容。影片將現實與回憶交叉呈現，但整部影片一直籠罩在一片沉沉的森冷中，即使偶然綻露的笑顏、生命的躍動、人性的溫暖，也有倏爾消失的壓力；編導的「冷酷」〈極度的理性觀照〉，不留餘地的攤開「心靈鐵窗」〈是主角也是大家都走不出來的牢籠，一閃而逝的光明後，再度墜入無邊無底的陰暗〉。

容我跳過主角的歷史，跳過他不幸、無助的童年，跳過充滿挫折、迷惘、暴力、孤獨的歲月，跳過無知又懵懂的犯罪……。

他以少年犯入獄。二十四歲獲假釋出獄。熱誠的管護人真心要助他，他燃起新生的渴望。

從獲得一雙球鞋〈那激動驚喜、滿足的表情啊〉開始，從獲得工作開始，從睜著眼看似曾相識的校園、人群、菜單開始……；他等待著重生，小心翼翼、欣喜又不安的等待著溫暖與希望。

片中，最令我動容的一幕，是他救了一個車禍中的小女孩，他殷切又溫柔地對小女孩反覆說：「妳會沒事的！」……。這一場充滿人性光輝，光輝竟來自一個長期被禁錮、被壓抑的心靈。

即使成了英雄，他仍如之前一般，在邊緣處戰慄——惶惶於噩運再度侵臨。

他脫離不了惡夢，來自毫無安全感的童年，他如野草般的長大；唯一的依靠是朋友——同樣不幸的孩子、同樣被「摧殘殆盡」的孩子、同樣無路可走的孩子……。最後，在鑄下大錯後，被共同視爲邪惡的孩子、惡魔的化身，在長期監禁下，他「奇蹟」似的「存活」了下來，努力學習「正視」自己，努力想過正常生活，並努力去掙他渴求的幸福。

但幸福何其短暫，在一切似乎稍稍平靜之後，他收到生平第一個禮物——來自女友的生日賀禮，撫摩著那個小皮夾，他激動示愛：「我從沒想過，在我的生命裡，有一個女人，讓我感受到愛……。」

這樣的感激和幸福旋即消失，監護人的兒子因妒而揭發了他的歷史，他恐懼的事仍然發生了！他失去工作、失去朋友、失去愛情……。

人性的灰暗，竟來自「正常」的人；他再度被丟棄——當年被不負責的父親、被罹病無力的母親、被冷漠的人群……丟棄的他，再度像一塊發霉的麵包般，輕易的被擯斥！能不能說這個世界多麼荒涼？他再度走投無路！他頻頻要求：「不！我已經不是那個男孩了！」「求求你們！」「求你們給我一個生路！」……。

生路何在？人生，對他永遠是逃亡。他不知要去那裡？終站吧！火車的終站有雙關的淒涼。「現在，我又是孤身一人了。」那個跛著走〈逃離中受傷的腿又意喻什麼呢？〉的他、二十四歲的他、只留下淒惶的容顏與背影……。

編導以極端的冷靜，不，近於冷峻的，要告訴我們什麼？

「心靈鐵窗」？鐵窗在誰的心中？是誰走不出鐵窗？誰該是爲錯負責的人？人有多少力量選擇自己的人生？

覆 lorinda

謝謝妳的來信，我讀之再三。

筆間的靈慧，在妳能以切身的際遇來印證所學。

經由妳同意，我在此覆信，希望同時和更多人互勉。

事涉私人的部份，不談，僅就妳提出的如何識「本來面目」，作一個相應，非敢誨人，也只是以生命體驗分享。

我個人很喜歡佛學「悲智滿懷」「福慧雙修」的涵義，單以字面而言，即甚受鼓舞。這個體認，是在以下的觀照和省察後，油然而生的嚮往。

妳提到早年至今的層層關卡，橫逆當前時，仿若無

路可走；我知道現實的殘酷及命運無解的乖逆，在生命旅程中的無可逃躲；我不會說這是老天的考驗，也不會說妳有足夠的聰慧和堅強，可以承受；沒有人可以被揀選而被迫接受——那些即使熬過猶「心有餘痛」「心有餘悸」的歷程。

妳選擇研讀佛學以尋求開解，以妳的穎悟也日漸豁然，我的確在妳的娓娓述說中，感受到艱苦之後的慈悲、明白與自在，妳正步步走在生命無止境的開展中。

惟我於佛學，近年已不多說，我本接觸不深，常感不可說、無力說，因此，請恕我不引述，願以師友立場，與妳「促膝傾談」。

我首先即想說「寬恕」二字，近年領會：靈魂深處的苦痛，唯待最簡單的方式去療癒，就是徹徹底底地原諒曾經在我們生命中肆意張牙舞爪的人，或因彼此的無知和輕率而帶來的傷害——如果一個人過不了自己的心性那一關，所製造的苦難是不自知的；我們當避免隨之陷溺、避免與之「惡性循環」、避免落入恩怨牽纏；必當憬悟脫身，淡然於昨日的陰霾，讓受傷的心在今日的陽光裡舒展；慧命的創造是今生何等的意義。

自此，不再數傷痕，即令它痕痕猶在，也成了命運刻畫的「作品」，這個以椎心之痛完成的藝術，絕對有壓不住的光輝，那是被點亮的生命。

妳可以在此找到「自我本來面目」，那就是妳的「初心」——迷惑、怨懟、不滿、不平……，退去之後的初心。初心即是生命的源頭，源頭處方有救贖、方能安頓。

妳提到的近親之間的問題，實在是最深沉無奈的生命課題，確有無以着力之處；惟生命體既有所洞識，痛愈深、悲愈切，滾滾淚水爲眾生、爲脆弱無常之人生、爲在無盡「我執」中自苦苦人的生命……，淨洗之後的靈明乍現，足以承當一切——願以此一點不忍之心看一切，看人我共同的困境、看幾番「生死」、絕後復甦的心靈，必有勇氣與智慧直面領受。

在各種人際關係裡，那個「我」字，都是最大的障礙；「我」如高牆，因此猜疑、因此嫌隙、因此疏離……；我們怎麼對治在不自覺中可能膨脹的自我呢？這真的是一個關鍵問題。

妳提到「休養生息」，必知「退」與「讓」的可貴，以「無厚」入有間，是給自己機會。人生必待從容有裕，才能有新悟新義，並重新品出生命的滋味。

Lorinda 啊，我們要完完全全地拋開那些糾纏的意念；生命如此危脆，讓抓緊的手自然的鬆掉吧！我相信：只要萌一分的哀憫，即可去十分的怨懟。

那個「本來面目」，就是仍然赤熱、柔軟的心，心在，我們終於找到回家的道路。讓我們先低頭吧，它不等同軟弱；今生的緣，今生圓滿。給得出的人，無畏辜負。雖然還有很多話可說，雖然只回覆了妳信中一部份，想妳必能源源觸發，或不需再尋再覓，當下觀心爲是。

寫給妳，小朋友

我這樣稱呼妳，是因爲昨晚在電話中，妳一直嚷著：我是妳的忘年友，是最讓妳放心、可以寄心的朋友；我被妳甜蜜的言語哄得笑不停，好吧，暫時不做老師〈嗨，做老師有一個好處，想一本正經說點什麼時，可以擺點譜，正顏開講，還真有人認真聽呢！哈〉。

此刻，我試著如促膝傾談一般，對妳昨日所言，以及妳一長串的「美言」，回報幾句心腹話。

妳一直叫著：「老師，我告訴你，真的很嚴重！我成了鎩羽的鳥，勉強躲到一個角落療傷！你不能不救我！」「老師，你怎能笑，這樣很沒同情心耶！」

小朋友〈如果妳不在意，我真想直呼其名，朗朗乾坤，好喜歡一切朗朗〉，我說今天要答覆妳，散步回來，就坐在電腦前，可想起下午有課，要上三個小時「又跳又吼又笑又哭……」的課；妳問到的地方，也非數語可答，怎麼是好？爲守諾言，我就先寫一點，容後再以妳提的問題，作後續的回覆。

不知道爲什麼，我竟首先想起，十幾年前，更早吧！一位長輩對我說的話：「不能掉進去啊！愛情是無底的井啊！即令是真愛，也要付出極大的代價！妳準備好被火煎、被水溺的恐懼了嗎？」聽來似太偏激，希望不要「嚇」到妳！這番話，其實，是出自一位「溫柔敦厚」、極富涵養的長者之口；我重複在此，不覺「沉重」，反而在悠悠歲月之後，感受其「語重」之中的對晚輩殷殷的愛護。

但偏偏愛情的追求，等同生命的追求；因此，生之意志愈強，愛之意志隨之。極堅韌——不，頑強如求生般的衝決、拼撞，找生命的「整全」與快樂。因此，「情在不能醒」，必待自己千般、萬般磨過，才驀然靈光一點，照見其絢麗之虛幻……。這無異一場修行，一步一步都不含糊的修行。

妳問我：「可以全身而退嗎？」這顯然要廣義又遼濶的解釋妳這句話，也顯然很難如是，至少心理上餘波難消。作家水晶先生曾有此一語：「情是一種辜負」，令我印象深刻。若說情是一種幻滅和注定的劫難，是多麼讓人承受不起！說成「辜負」，既寫實又有撫慰人承當與化解的溫厚。

小朋友：我不願說「情是一種宿命」「情是一片迷霧」，更不願說「若犯錯是人性，其中大錯爲身陷情網」……，但，花果必然飄零，春霜曉露，倏忽即無，情網徒勞掙扎……，也是人生必修的功課吧。

直面「實相」，才能承載、才能克服吧。試想相遇之初、動心之時、契合之美、執著之切；多少忐忑、多少莽撞、多少任性！豈知變遷之不堪、期待之煎熬、進退之困境……；這一切盡爲造化操弄嗎？生命體本身毫無力量以定江山嗎？

可以確切的是：一切，只是經歷、只是學習。若撲朔迷離、傷痕遍佈，可能真是「愛錯了人、做錯了事」……。回歸自我撿視，或有所覺醒、自我救贖、毅然揚棄、清明新生。這愛之一場，真是生命的大突破、大成長——妳從中提煉了什麼？一個不完美的完美生命、一個不圓滿的圓滿宇宙。

「鎩羽」處，會更堅強。它只是生命中的一個烙印，審視它，它正無限地開展妳的生命。

小朋友啊，妳沒有折翼，妳的生命仍是遨翔的。那一個天空不可飛翔？堅定展翅吧！

生命自有奇妙的內在自癒能力，只要妳續開心門，繼續——體驗人生。

〈唉，怎麼我以朋友的立場，也要說這麼多呢？小朋友，妳可滿意？〉

在靜靜地夜裡

在靜靜地夜裡，你，聽過自己的心跳嗎？那每一聲裡，即有著人生的意義。

意義不在成就如何，意義在每一個起伏裡，有自己最深的繫念和投入的志業。

你爲此，深刻體驗了「衣帶漸寬終無悔」的含義。

那個意義，是以不計的汗水、堅忍的意志和無以遏止的傻勁……所結晶。

這以無可言喻之苦痛所結晶的生之意義，是否曾在深深的夜裡，扣擊著你的心？

你，終於也能給自己一句喝采了！

原來，你堅持下來了！

原來，繫念與志業，超越現實成敗。

獲得什麼、失落什麼……，都非重點，重點在千迴百折之後，你益發清明的心。

因爲清醒，更點滴心頭！

清醒的心，照亮著一程又一程。

看那一幕幕徬徨、掙扎、顛躓……的場景！

踉蹌的步伐，卻不遲疑地奮力向前，難道不是在體現最大的「生存價值」？

生存價值之無與倫比，更在你依然有盈腔的熱血和澎湃熱淚。

你越發能優雅自持地面對現實、也越發能哀憫生命的侷限與隨之的盲目廝纏！

在「如是我見」「如是我受」的經歷中，你跨越一關又一關。

哀痛成了力量——直面坑坑洞洞的旅程，思辨下一個步履？

路的最前端，是否是終於和自己「照面」？上下求索的是此生之自我實現？

好一個純淨的自己。有怨？有憾？容恩怨如風、得失如雲、聚散如煙。

獨對斜陽，四野無人之際，且以自己的心跳和天地的心跳相應共舞。

你已不揮淚，在靜靜地夜裡，你諦聽著自己的繫念與志業……。

那不明所以、惶惑無助地歲月啊！

看那在詭祕大霧中跌撞的自己、看那在千磨萬擊中瑟縮的自己！是什麼力量讓脆弱的血肉重整再造？是什麼力量使猶疑的心靈凝聚再生？原來，最大的亮度，最深沉的力量——在終於得識自家本貌。它如是之瑩然——坑坑疤疤也奪不走的本然風光……，正對你溫柔的凝視。在靜靜的夜裡，聲聲心跳，訴說著微微欣然、淡淡愴然，爲人生之柔美與壯麗。

回憶新疆之旅（一）

（一）泥上偶然留指爪

我的旅行，無關時尚、無關飄泊、無關放逐、亦無關追尋，只是遠行。我的旅行，不爲挑戰、不爲征服、不爲探險、更不爲解謎，只是遠行。也許，長途的旅行，確實是以「肉體的苦難換取心靈的自由」，那種精神的釋放、靈魂的遨遊，也確實有無可言說的滿足。

二〇〇六年七月，我在盛暑中，把自己投入一片烈日狂沙中，投入沒有「爲什麼」的遠行；因此，我的簡略筆記裡沒有學術研究、地裡考察、人文探討；百分百的隨筆，看什麼、想什麼，就在車上，飛機上、在景點的某一角，揮筆留存。

「人生到處知何似，恰是飛鴻踏雪泥，泥上偶然留指爪，鴻飛那復計東西」，可爲此行注腳。

〈二〉飛向遙遠的地方

帶著簡單的行囊，我在桃園機場，一刻鐘後飛澳門、轉深圳、飛新疆。我關機。關掉一切。

台灣是一個世界，澳門、深圳也是一個世界，世界之外猶有無窮的世界，每一個世界都以其獨特的風貌內涵，點綴宇宙；「世界無窮願無盡」，我的生命將隨世界的開展而開展。

進入烏魯木齊，迎接我們的，是一首「花兒爲什麼這樣紅」的歌曲。從此，澎湃的生命之歌，就開始不絕於耳。

我來不及聽新疆和甘肅、青海、西藏接壤、人口近兩千萬、有四十七個民族居此、維吾爾族與漢族、哈薩克族爲前三名……。我的耳邊一遍遍環繞著「花兒爲什麼這樣香？」

在重複的旋律中，我嗅到這廣袤土地上特有的味道。我想忘記數據或資料。

我只想感受那彎彎曲曲的邊界會有多少故事？感受天山一眼望不盡的草原風光、感受那有「無韁野馬」之稱的塔里木河、感受高中地理課本上讀過的額爾濟斯湖、感受「坎兒井」、感受「看不到一隻飛鳥」的火焰山、感受湮滅在漫天風沙中的古城廢墟、感受「有水草，即能生存」的韌性、感受成住壞空的生命輪迴！

是的，我要看、要聞，要與真切的生命氣息同呼同吸。

〈三〉流水是長長的歌

「流水是長長的歌」，是圖瓦族人一首民歌中的一句。我們來到圖瓦族人唯一聚居地，來到天山以北最美的地方，來到久聞其名的阿爾泰山，我們要去欣賞喀那斯湖無以想像的美。

遊覽車在高山上盤旋，當眼前景色豁然遼闊，我們的心也隨之奔放；我們終於到達這美麗又幽秘的湖，它有曲曲折折的六道彎，狀如群山中靜臥的彎月。

喀那斯湖十月份就封山，七月來訪時，正是它千姿百態、萬般風情掩不住的時候。

車行途中車窗之外，彩虹跨向天空卻又似伸手可及，如夢如幻，令人不知身在何處？當我們慢慢接近這密林中的高山湖泊時，我直覺造物在這裡親手展示祂的力量。

有人說，這裡的風景，足以讓所有的詩人封筆；我不懷疑，一路山容水態，豪邁、嫵媚有之，剛勁、清麗有之，只能瞠目結舌地看……。詩人都封筆了，我們還能出聲嗎？

〈四〉閱歷人間滄桑

這也是值得書寫的一幕。

我雖然輕鬆的唱著：「長亭外，古道邊，芳草碧連天，晚風拂柳笛聲殘，夕陽山外山」，但，車子一到高昌故城、交河故城，我想到的是「平沙莽莽黃入山」、想到的是「隨風滿地石城走」，想到「明月照積雪，朔風勁且哀」。

這些歷史王城，正一個又一個沉埋在彌天風沙與兵燹戰火中。殘壁無語，卻觸目都是歷史。歲月是以這樣真實、又這樣無情的面貌，矗立在眼前。但覺耳畔風聲，方如泣如訴，瞬間又如吼如號；它們，閱盡人間滄桑。

我駐足在故城的斷垣殘壁間，感受著天荒地老。心中，也仿若有什麼在流落、流落，一切俱在歲月中流落！

〈五〉與美相遇

今天，在喀什一家書店瀏覽，瞥見一本書上，扉頁一行字很吸引人：「只要上路，隨時能與美相遇。」作者並在序言中寫著：「路，爲你的腳步和夢想而誕生。」

美，無以言喻。那瞬間的一景、偶然的一瞥，或非大觀；但，就是觸動你心，就是令你情不自禁。

美，是生命的原鄉。回歸它，如依母懷；你只消放鬆自己，靜靜地與它相偎。

新疆的美何在？

那成排的白樺長在嚴峻的沙漠中；那倒下的胡楊木身上依然冒出綠意；那挾泥沙俱下的塔里木河；高山中令人不可置信的賽里木湖；帕米爾高原中如同幻境的喀拉庫里湖；那以音樂伴隨人生、表現人生的哈薩克人；那剛健的體態、閃亮的眼珠、烏黑的秀髮、充滿活力的健兒與姑娘；那又香又脆、不加料的饢餅……。都是素樸見風華、斷味見真味。

我只在此摘錄了「新疆之旅」的一小部份。新疆奇山奇水、奇人奇事……，不可勝數亦妙不可言，如同——美，只是感動、只是感動。

回憶新疆之旅（二）

這一刻，烙印我心。

一早，我們開始穿越塔克拉瑪干大沙漠。在翻越天山之前，都是「芳草碧連天」，越過天山之後，換成光禿禿的山脈，一程又一程，幾乎寸草不生。進入沙漠，數小時行程，四分之三的時間，遠近都是一望無盡的流沙；除了酷熱還是酷熱，除了沙土還是沙土，閒或幾株胡楊樹、野紅榴出現，在車行五二二公里中，我連一株仙人掌都沒有看見……。

在熱得昏沉沉的狀態中，依稀聽到導遊正在講述：當年瑞典探險家斯文赫定先生到中國西域探險的故事，成爲成功穿越沙漠的第一人。導遊特別介紹，

當時赫定正處在失戀的極度痛苦之中，他想挑個離開情人盡可能遠的地方，盡情宣洩備受挫折的感情，於是，他越過帕米爾高原、進入塔里木盆地、走向塔克拉瑪干大沙漠、決定橫渡這個「死亡之海」。

這是「置之死地而後生」嗎？要比愛更大的折磨來超越愛嗎？

「塔克拉瑪干沙漠」當年是一個「進去出不來」的死域，無邊無際的沙，消磨人的不只是體力，那沒有盡頭般的沙海，消磨的是人的信心與希望；乾涸可置人於絕境。

我只是走了一小段，半個多小時的路，眼前，沙丘一個接一個，如陷入強烈的沙塵暴中，世界再沒有其他東西——原來，只有生命才是唯一、才是最真實的！我幾度跌坐沙中，略能想像：當年穿越的人何以乾涸衰竭！

但探險家之所以爲探險家，是不會知難而退的，因爲，探險就是他們的生命、他們活著的表示。他們以孤注一擲，活出令人驚嘆的一生！活出一則則傳奇。

我在沙中蹣跚而行，試著體會一點他們在沙中的掙扎。生命的真實性、殘忍性，偉大與執拗，都令人戰慄；我亦對「天人」的合一，敬畏無言。

回憶新疆之旅（三）

有人說他的旅行是一場美麗的出走
美麗是因爲回來的新生
也有人宣言他的遠行
爲了擺脫命運的枷鎖
爲了探索生命的謎底
跋山涉水使旅行成了生命的修證
我又爲何去新疆
不是爲失落
不是爲追尋
只是順應著內心的呼喚
在對生命已略有體驗的今天
終能以明淨的心情和最輕便的行囊

踏上遠行之路——
全新的感受全新的生命
於焉開展

那拉提大草原
「那拉提」意爲太陽初升之地
爬三個半小時登上山頂
豁然開朗逸興遄飛

今日穿越中國第一大流動大沙漠——
塔克拉瑪干大沙漠
（塔克拉瑪干沙漠東西一千多公里南北四百多公里十五倍於台灣大）
除了胡楊林野紅榴即是無邊無際的乾旱．
百年前左右瑞典探險家斯文．赫定首度穿越「死亡之海」

我們不是來征服天山不是來征服沙漠
夢想策勵我們探索與見證
天山的雄偉
沙漠的奇崛

我們不是窺探不是冒犯
虔誠才能與自然交心
我們讚嘆的歌聲裡充滿感恩
我們讚嘆
馳騁在草原中的生命
奮鬥在沙漠中的生命
何等昂揚有力
人與自然自然與人
何等巧妙諧調
這豈非生存的法則、宇宙的定律、生生不息的秘訣

烏爾禾魔鬼城
此處四季狂風不斷惟我們來到時未見黃沙走石只是炙烤不堪
據說旅客能在風息之時聽到地面因酷熱而龜裂……

若要問：這真是魔鬼出沒之地

子曰不語

今天我的心境不僅是旅人也是歸人
紅塵漂泊是生命原型
尋回自我天涯也是歸鄉
披著在新疆現買的圍巾
在帕米爾高原四千多公尺滿佈冰雪的山中
我的淚水不是酸楚它滾燙不已……

打開記憶的寶盒（一）

那年，我為自己安排了一次北歐之旅；那一年，我從台北鬧區遷往郊區；那一年，我動了退休的念頭……。那遙遠的地方，就成了我的選擇。

有人說「踏行萬里路」後，始可「領略萬卷書」；有人說「旅行，是以自己的腳步去閱讀」；我則是發現，當現實壓縮不了我們的憧憬時，那就走吧！

在漫長的飛行後，我的「北歐之旅」，首站即「哥本哈根」，哥本哈根的機場，整個通道是用木板鋪設，令遊子有回家之感。

微涼的氣候〈七月天〉、遍佈的綠草、潔淨的街道、海洋的氣息……，丹麥在迎賓時就處處先展現這些風格。

風、海，是地理環境，也是國家資源，和北歐其他國家一樣，丹麥也是國民高所得的國家，也以高科技維持國家經濟；但，更值得注意的是，丹麥人民以儉樸、自然之風所營造的無所不在的快樂氣息。

挪威，可謂建立於峽灣，峽灣之景，山水相依，秀麗、壯闊，變幻呈現。

此地不是有「破碎海岸」之稱嗎？但觸目所及，皆是「完美」！峽灣的觀光資源也是國家命脈。

造物之心意妙不可測。

這是挪威著名的「人生雕塑公園」〈好可惜，當時，

我呆在很多雕像前，沒有拍照〉。

公園的作品，大都在表達生命的起源、人際的關聯和人生百態，站在每一座雕像前，直接的感覺就是「我也在其中」。

很多作品，似乎在呼喚我們——回歸單純的生命。

喜怒哀樂，是那麼原始、那麼自然；我們的喜怒哀樂，是不是太複雜了！

印象最深的，是北歐人的美感生活，即使車行數小時，沿途的漁村、農舍、小屋……，家家都可見美麗的白紗窗簾，戶戶窗台上都有鮮豔的花飾；對美的感應和追尋，是一個民族的隱性力量；相對於太喧鬧、粗糙的生活，後者很難有一個細緻和寧靜的心靈。

喜歡深山裡一座一座被綠草野花圍繞覆蓋的小屋〈當然也有氣候等考量〉，尤愛看有煙囪的房子；煙囪，是家、是溫暖，想像寒冬季節圍爐之際……。

打開記憶的寶盒（二）

北角，一個「沒有夜晚的地方」。

進入北極圈，北緯六六度三三分。

這是一個叫「川索」的小鎮，一個不易看出時間的地方。

此時，我突然想起，在北極圈內山坡上遍生的各種花朵，原來，看似娉婷柔弱的花依然可在北極的強風中生存、綻放；也想起小鎮沿路站著的小小郵筒，幾戶人家連在一起的郵筒。

站在「北角大廳」〈其實是一片懸崖〉上，看午夜太陽。

腦海只有一句：海天寥廓、海天寥廓……。

這是世界的盡頭嗎？這是人間的淨土嗎？

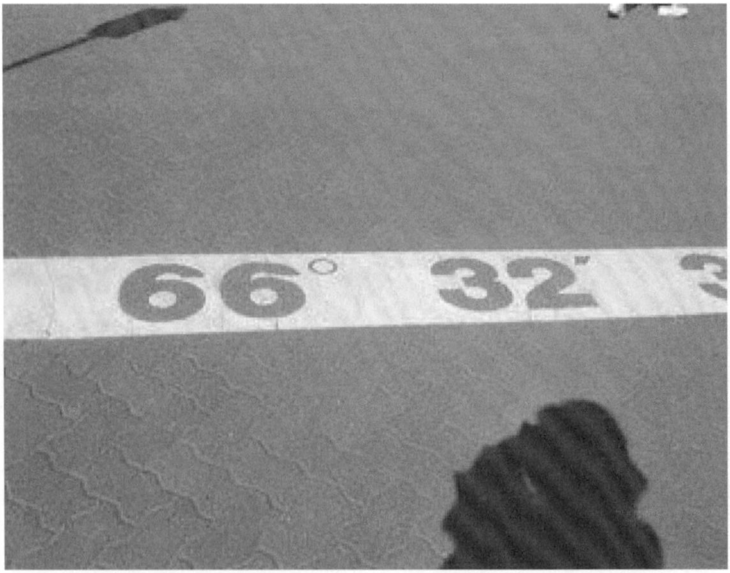

在「北角大廳」上，午夜太陽在和我們玩捉迷藏，當我們正失望得要離開，驀的萬丈光芒破雲而出，我們驚訝得睜不開眼，卻又忽地飛來一大片濃霧，頓時天昏地暗……。

造化之心，人不可窺！

真是了解了「蒼茫」兩字！

遨遊四海，是維京人的夢想、享受，尤其是——帶著心愛的人啓程。

我已經忘了這是「佛雷德利克堡」、還是「克倫波堡」？

〈隻身隨團旅遊，以爲自己可以瀟灑得空空來去，連筆記本都沒帶，這些照片多同團的人爲我照的，我自己照得極少。〉

萬年冰河下，人的位置是什麼？

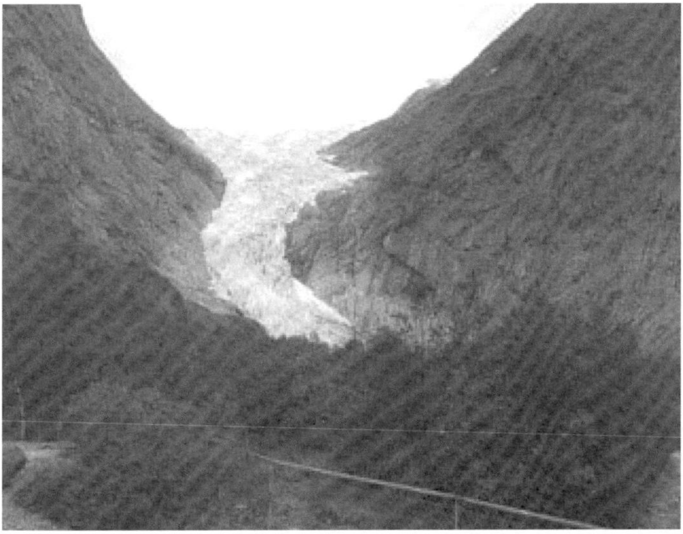

生活剪影

今夜

曾有詩人以藍絲緞般的色彩比喻夜空，正是今晚；也以月華如練喻明月，今晚正是。

我走在夜色中，寶藍與銀白的搭配，有一股幽邈惑人的魅力；但我心中無波，微笑著在清輝中閒步、閒思。

我哼著「夜空」一曲，唱著曲中「萬事如雲煙」……；心中瑩澈，般般釋懷，人生就是這樣了！褪去了複雜的外衣，萬古長空不變，皓月依舊當頭，核心就在這裡了！我們又何苦起起伏伏、反反覆覆……一刻不安寧呢？自囚自縛何有了時呢？

這不可測的藍，這穿不透的白，我且順服於其中；何必思明日的景象又如何？今夜，想走那裡，就走那裡；想唱什麼，就唱什麼……。

我想，也許，我喜歡海洋，也是差不多的道理。

餘味

不記得曾在何時，在收音機裡聽到一場演講的片段。那真是個偶然的機緣，我聽進去的幾句話，此後常縈心頭，令我深深感謝。正是「言近旨遠」，聽來平易的言語，卻餘味不盡。

記憶中有這幾點：

1.「情不自禁」「欲罷不能」就是青春動力。
2.英雄有「淚」、無「累」。
3.樂在「活」中：活得慷慨、活得細緻、活得專注、活得放鬆。
4.要有心情，心要安，情要真。
5.放鬆是「卸掉身上的痛癢酥麻」，一切「沒事沒事」。
6.不時「跟自己對話」「向內心喊話」。
7.當思「人生不等待」，常想「我吃得起虧」。

聆聽之際，我莞爾、我深思……。謹在此感謝這些觸動我心的智慧語、達觀語。

探病

人生之苦，莫比病苦。

今天在醫院探病，病房裡多少張臉，寫著「折磨沒有盡頭」的恐懼和茫然。

我始知人生之苦、根本之苦，即在此。

面對此境，有什麼「哲學」可以撐住自己呢？

在求助於醫藥治療、求庇於信仰力量之外，有沒有能與病苦同等份量的東西，可以平衡、超拔？

病痛，有時掩襲而來、有時猝然而至；我們能如何面對呢？

逆來順受可以減輕痛苦嗎？

愈戰愈厲可以扭轉情勢嗎？

我忽然想起妥也夫斯基的一句名言：「有一件我最害怕，就是說，我的態度配不上我的受苦。」

受苦竟有這樣的深邃與壯麗！

雖然，它如此無奈——病痛豈非生命中最大的無奈！

躊躇

我的好友是個極愛動物的人，她自視這也是天命，心甘情願也樂趣無窮的生活在狗狗、貓貓圍繞的世界。

前時，另一位老友贈了我八隻小魚，還附上玲瓏的瓶子，我捧回家，開始早也問候、晚也問安，三天換一次水，按時按量餵食，瓶中葉子也片片清洗，呵護唯恐不夠；未想到一日清晨，赫見小魚都不動了，這一驚不小……。

此時，也有朋友想送我一隻小狗，一再強調這小傢伙是多麼聰明可愛，但她給我最大的引誘是：「想想，當妳寫作時，牠就會依偎在妳的腳邊……。」

現在，我又多了一位愛狗、養狗的新朋友，拜訪她的部落格看「狗事連連」，她筆下的狗經，總令我「笑聲連連」，我亦想像她牽著「小犬」在海邊漫步的情景，畫面頗令人神往。

看來，我和小動物的緣份，還留在「似有似無」之間；我能不能、要不要也來養一隻小狗或小貓呢？

想來，頗有躊躇。

送別

剛才在電視上，見周美青女士在機場送別，母女相擁之後，女兒隨即消失在那扇門後……。

我心被牽動了一下，只一下，輕輕的；但卻是很清楚的被扯了一下！

多少次，我也在那個「關」前，目送女兒漸行漸遠的身影；曾經，我的手都揮酸了，再快步追著，跑到所有能見到她的影子的落地窗前，期待她再對我回眸一笑……。

母女是一整體的生命，不只血脈相連；女兒之於母親，是希望的寄託、是夢想的延伸、是一個更美麗的生命、是一個藝術、是母親創造的無瑕又無價的藝術。

當我悵然的、拖著我的腳離開機場時，空白一片的內心，似乎再沒有創造的泉源，它枯竭了……。

沒有什麼能安慰離別，雖然，所有母親照常工作、照常生活、照常盡著各種責任，但，心之最深處，被撕扯了一小塊、一小塊……是的，天下母親知道，在女兒回眸、揮手的時候，把母親的心帶走了一小塊！

陪伴

數年前，在報端曾讀到丘宏義先生執筆的「吳大猷——中國物理學之父」傳記的片段：吳大猷和收養的女兒彼此間的摯愛情愫。

我相信人間有可遇難求的精神摯愛；我相信感情的昇華，可以給予更高的愛護；我相信生命需要理解與溫暖是人性之本然；情有所託，寶愛憐惜，有無可詆毀的〔尊嚴〕。

吳大猷對和他相伴三十年的義女說：「有妳的地方就是我的家」這麼傑出的科學家，在情感上如小孩般依賴；難得吳吟之也「超塵脫俗」，鍾其一生的感情回應吳先生的關愛照顧；這夠美了，何需非議！

試想：我們一生中，是否有過這樣的時日、這樣的心境，想對一個人好，想陪伴在他身旁……。再想：一個人功在國家、功在學術、功在教育，固然令人起敬；但在個人的生活裡，他仍如此人性、如此自然，就更令人肅然了。

我們是否了解，人生中有一種苦，叫「無告」，那比孤寂還孤寂；對人生體驗更深時，面對「無告」的威脅更大；心事不能付瑤琴、心事不能付筆墨；心事只能付蒼天……，此時此刻，是誰陪伴在側？

再輝煌的人生也有這樣的時刻，是的，此時此刻，是誰陪伴在身邊呢？人間因緣亦有不可思議的微妙，生命問題「未具其本」，眾生在人生的漂浮中相遇，豈能盡從「是非對錯」的角度來看，若以人性看人性，我們必懾於生命的孤獨與情緣的可貴而緘默。

代課

這一週，我到新竹縣義民中學代課。首次搭高鐵、首次赴竹北，在在有驚喜。

高鐵令我有「旅行」之感，今後將不時買張車票，由它

帶我漫遊台灣各地。竹北出站，眼前一濶，四面望去，不禁讚嘆！我蟄居一地，甚少出門，竟不知處處佳景。可知，人多「自限」，跨出一步，即是另番天地。

由竹北到義民中學的路上，我被兩排耀眼的行道樹吸引，過了幾個街口，眼前竟跳出一片粉紅──那是什麼樹呢？滿樹的花朵恣意的在路旁招展；市容有此姿貌，頗令我意外，可惜校車急駛，不及細看。

欣然迎著教室裡雙雙晶亮的眼神，這天，他們的進度是顧炎武的「廉恥」，我要怎麼上這一課呢？我想到義民中學的簡介中，有「褒忠」二字，這必然是學校精神之基；「褒忠」而「義民」，之間有多少英風偉烈──在動盪的年代裡，在這塊土地上，用生命寫下「忠」「義」的歷史。我能否連結到今日的課程？

時代如何演變，人心、人性的至高價值是不變的，如何探索、追尋、實證、體現這個價值呢？

我將凸顯作者「願持一寸身，銜泥到終古」的特色，以及凝聚一生之力，以成就自我生命的歷程。這樣的付出與努力，同樣有不朽的感染力和影響力。

這一課，不必說理；這一課，必待感應，感應人性的芬芳、情操的優美、感應嚴肅的行文中，起伏著一首首壯麗的詩歌——出自盈腔熱血，並在人類歷史中傳唱，永遠不衰！

週五黃昏，搭校車離去，回眸之際，似見校園內有一處「綠色隧道」，環抱成拱的大樹綠意盎然，充滿著生生不息的力量。

我匆匆一瞥，心中一動，顧炎武、義民中學……；在熙來攘往的人群裡、市聲鼎沸中，歷史沉默卻堅實如山，啟示我們人心、人性的永恆；強韌的生命力亦代代沿續……。

書房

是誰強調的：女人要有一間自己的書房。

我在近幾年，頗有體會。

早年忙工作、忙孩子，無心無力去營造自己的天地，只能在臥室一角，將就著一張小小的書桌，也任由積累的書籍四侵，久而久之，我似埋在其中；但，即使侷促，卻也能躲

入其中，自得其樂。

因此，這書房歲月，不必算寒暑幾易？不必計寫乾了多少枝筆？當電腦漸漸取代了紙筆，我即使排斥，也推拒不了時代的潮流，時空雖幽玄，但，變遷自有痕跡。

我終於決定要爲自己安置一間書房，這對我本非奢望，更何況我極易滿足，不需任何條件，只要一個獨自的空間，一個可以容幾本書的地方，一個可以容我——自說自話、自歌自吟之地。

於是，我有了書房，但，心虛的是，我的書讀得太少；總要徹底讀過，我才收入書架；我顯然閱讀的熱情不足，更糟的是，我還以自己日日讀天讀地、讀人讀事自視，如是也顯然可愧；但我雖淺學，偏又愛在書房裡，放任想像的翅膀，飛翔八荒九垓，有時，甚且有馳騁古今、俯仰宇宙之豪情，自我陶醉應不爲過吧！

想想在書房裡，有自己心靈的寄託，人生會更有韌性吧！

且容我這小小的滿足吧。在書房中，我知道什麼叫泰然自若、陶然忘機、怡然自得；我也不是什麼書都略過，有些書久讀不膩，暗裡心驚知音即在此屋！「思接千載，悄然動容」自然也是寫造；我較喜歡充滿生命張力的書，記憶中羅曼羅蘭寫貝多芬，似有這麼幾句：「這本書非爲學術而寫，它是受傷而窒息底心靈的一首歌。」這個下筆的視角和情懷，扣動我心的強度從未稍減！

更清楚的說，腹笥宏富不屬於我，我總望書興嘆，過去繁忙不暇及他，現在筋力日衰，讀寫受限，也是必須面對的事實。曾經留連書店，望著自己仰慕的書籍，忽覺已錯失拜訪的契機；更驚覺書與人一般，相遇相應皆待機緣；而今，我縱然有心，把它好好細讀一番，卻只相望不敢相親了……。

入「書」太深，我怕是負擔不了了。

風　景

螢幕上有人以「俗擱有力」評酷酷嫂的花裙子，令人擊節。不論是爲夫婿、爲外交、爲自己，她在貝里斯賣力的手舞足蹈，都令人喝采！看了不禁笑顏逐開！

另一台正介紹一位栽種有機農作的農人，烈日下，他腳踩泥地，用心工作；一束長髮，一串耳環，隨著他的動作交互晃動著……。

水田、野蓮、粗獷、細膩……，似乎突兀卻微妙相融，如天地萬象一派自然；他，回歸得很徹底！

真實做自己，無限生命力，是我看這兩幅畫面的感受。

我也想到一句話，是詩人余光中先生的句子吧？他說：「一生的歷史，是由許多小小的瘋狂串成的。」

這個「瘋狂」和人間混亂失序無涉，和盲動任性無關；瘋狂裡也可有十足的清醒與自覺。

小小的瘋狂，是生命的變化、轉折、突破和開展，它帶來人生大大的姿采。

酷酷嫂盡情表演，真態可掬，令人一亮；長髮和耳環互舞的農人，也令人一動；他們分別以自己的方式，活出自己的姿態，過著自己的生活。

他們，當然不足謂之瘋狂；但，絕對是創造了風景。

試問：我們呢？在機緣所至、心靈呼喚下，我們如何找到自己、呈現自己？能否自在自得的展現自我的一片風景呢？

邂逅

近午夜了，我在漁人碼頭，仍流連在沁涼的棧道上。夜空亮如黑緞，明月皎如白練，有無以喻之的華麗。

我興味乍起，躺在長椅上，月華當頭，與我遙相對望；我伸展雙臂，閉上雙眼，耳畔有微微的濤聲，海風也似波波相湧⋯⋯。這是一個怎樣的夜晚？週五的午夜，只有稀稀落落的人影，和我一樣不捨今晚的相遇——美得不可思議的夜空和月色。

我知今天是農曆五月芒種時節，時令入夏，但此夕竟如深秋，增了幾分詭祕；月至天心，似傾力相照，亦添幾分迷離⋯⋯。一時，素樸、豐腴、空靈、富麗⋯⋯，交互誘得我似醉似夢。

怎忍辜負這般情境！微笑定睛，看明月輕移蓮步，夜空拳拳相顧；再極目遙望，竟無一絲雲絮，世界只剩下黑緞與白練，和無意中闖進這場盛宴的我；我剎時也被引逗得逸興遄飛——參與了它們的祕戀，如驀見千古之謎，驚得我瞠目結舌！原來，開天闢地以來，自然——就是這般纏纏綿綿啊！

風，更涼了；浪，更大了；我不得不歸！我跑著，長長的棧道響著我急促的跫音……，偶一駐足，再回首、再擡頭，明月依舊恣意的放著電，任情的在夜空的懷抱中變換千種風情；我再度驚疑：它這是還夜歸人的情意？還是驚知音之難遇而殷殷相報？

風聲、濤聲，不絕於耳；惟此時此刻，沉默的夜空、無聲的明月最有聲！

生活

我們想成爲一個什麼樣的人呢？

我們想過一種什麼樣的生活呢？

昨日午後，應友人之邀，拜訪了一位多才多藝的生活家。

進門，迎面就是「雅」！

居室雅潔、茶具清雅、說茶的人風雅、沏茶的手優雅。

主客娓娓說、輕輕品；但覺雅趣、雅味瀰漫四周……。

這午後的難得會遇，洗我多少積塵！

主人必有所抉擇，在滾滾煙塵中，他，以真誠和自然，生活著。

有生活的心，方有此雅致。

快然自足、坦然自得，此中多少靈慧！

偶感

一、前夕，見碼頭堤邊有漲潮之勢；今晚，岸邊卻見小船泊在泥中……。

潮來潮去爲誰忙　知空識空畢竟空

二、生命常爲恩怨所縛，爲是非所纏，幾無生趣！試問：人生大事爲何？看過、走過「生死交關」……，再苦痛的心也會放開吧！

三、我們常常看別人、猜別人，是否會忘了問問自己的心？

我們的念頭、情緒、論斷……，其實不是外境所強加的，大部份是自我的信心不足，變現出困擾我們的一切。

四、自由的另一個真義，是給予他人自由——你真愛一個人，是助他飛翔、馳騁，並欣賞他盡情揮灑生命。〈除了掌聲，不限制他的方向〉

五、能察覺並克服自己「妒意」的人，最是可觀。

呼喚

人生要繞多少圈，才能驀然回首：恍然什麼是生命中最珍貴的東西？

親子是血脈相連，手足是同氣連枝；在一起時，何曾深切體認這是「活著」的基本支拄和倚靠。

螢幕上，小林村人在追思家人，一聲聲「媽呀、我不孝！」「我的兄弟姊妹啊！」……，那是呼自心靈、那是喊自肺腑！

匆遽的時代裡，承歡膝下是奢舉！

冷漠的時代裡，手足相親是奢求！

人人自顧不暇，很多原是精神享受的東西，被視為負擔；人，但知索取，忽略回報；在彼此擁有的時候，輕率讓批評和怨懟，傷害那最親密的關係；放任心靈的疏離，使各自都成了無形的「孤島」。

這當然不是「全景」，但，確是存在的事實。

是什麼阻隔了彼此？蹉跎了多少相依相慰的時光！

喚一聲爹娘，是生命被賜予的幸福；喊一聲手足，是生命被賦予的溫暖。

我們爲他們——究竟做了些什麼？聲聲呼喊，聞之惻然！切切自省，思之欲淚！

我們能否就從今天、此刻，以微笑、以暖語、以寬諒、以欣賞、以我們在苦痛中淬取的體悟——好好愛身邊的人！

這一刻

這是一個陰沉的向晚時分。

我坐在漁人碼頭看夕陽作畫，在爲烏雲鑲上最亮眼的金邊後，它即以不容眨眼的速度消失了。

對岸的觀音山，也正變化著它的線條，在濃濃密密的數筆之後，也不及凝視的隱沒於濃霧後了。

此時此際，在淡淡空靈中竟別有一股濃艷的幽秘……。

但今天的我，不思生命問題，不想存在問題。

只聽潮來潮去溫柔拍岸，只看天然水墨冷凝中的氣魄。

在倏忽變滅中，還有什麼生命與存在的問題呢？

這一刻，可否容我放歌？可否容我輕柔又奔放的唱一首「夕陽山外山」？

從容、寬容

偶然轉台，主持人正在訪問蔡琴小姐。

來賓爽朗的笑容，讓我放下遙控器；中途收看，只就眼前內容抒感。

主持人問到她的感情、問到楊德昌導演過世時，那一段日子……。

蔡琴毫不閃避，感覺她的真誠，她說：「他爲什麼不早一點愛上別人呢？更早去愛，他就能享受這個人生……；生命這麼短，愛的日子這麼少！」

我看著她從容的談往事，從容的說心情。

她接著說：「年紀，讓她徹悟【放手】的道理，自己當年的不捨、悲愴是錯誤的！老天讓我這一生學習了【放手】！」

她完成了上帝給她的功課。

真正是完完整整的實踐了——那「恰似你的溫柔」。

那個心底的溫柔終於出來了，從混亂、悲傷、怨怒或自棄中出來了。

這真是最棒的事了！

蔡琴娓娓說著自己心境的轉折，並這樣回答主持人問：「中年之際，最棒的是什麼？」「最棒的，就是年紀；所思所行對得起自己的年紀，並能誠實、坦然的面對自己！」是的，就是「這時候」！歲月歷練了一個人的成熟，成熟流露了一個人的從容、寬容，以及看人看事看己的「高度」。

我也深深記得在楊導演驟逝時，媒體紛紛追著蔡琴和他們的八卦，蔡琴最後大方的發表一張聲明：「讓他活在我的歌裡吧！」另有一句很醒人：「我感謝主，在他生命結束前，是和他的最愛在一起！」。

這豈不令人深思、憬悟？

青春還在她的身上——成長、突破的心是如此撫慰、滋養著生命。

她以時間孕育了從容、寬容的智慧。

謹以蔡琴常唱的「祈禱」一曲祝福她以及不斷自覺自勵、破繭新生的人。

【讓歡喜代替了哀愁

微笑不再會害羞
讓時光懂得去倒流
叫青春不開溜……】

能寫什麼

今春曾訪太麻里，那是台東一個很美的地方。半夜始抵太麻里山上，深深記得稍一仰頭，明月即在前方相迎。

盤桓的數天裡，扣動我心者，不只是數大的金針花田、不只是觀大海看日出、也不只是驚艷於觸目可見的櫻花、桃花……；最是難忘那山陰道上，不時意外的欣喜——路旁總是跳出姿態特出的大樹，以飽滿的生命力伸向天空；甚至偶見的枯樹中猶有抑不住的生機……。直覺那是一個充滿靈氣、秀逸出塵的福地。

剛才，螢幕上不斷重複著「溪水竟成怒川，太麻里溪『胖』了八十倍……。」太麻里的山呢？滿山的金針花沒了、滿山的果蔬沒了、那蜿蜒幽雅的山路也沒了……，曾經人間仙境般的青山綠水，如今面貌全非。

不願去想山路兩旁千姿百態的群樹而今如何？

不願去想放眼望去遍野綻放的群芳而今如何？

一場風雨，竟吹走一切、沖走一切？

山，不是一直都在嗎？「移山」不是被喻爲不可能嗎？青山不是充滿綠意的幸福？每一株小樹的成長、每一朵蓓蕾的開放、每一粒種子的定居、每一個果實的希望……，它們共生在足下的大地，快快活活地在其中遊戲；這，難道不是一切「眾生」的心願嗎？

風災的第一天，我在筆記本上留著：當我們知道生命是如許脆弱、夢想亦如許脆弱、辛苦締造的一切亦然，我們要以什麼新的思維、方式，繼續我們的人生？

今晨走在山上，兩個小時裡，我看山看樹看人看己，我無一言；內心卻起伏著：人類整體命運的問題、人類是否會被「天」拋棄？人類能否自我救贖？漫天風雨中，人如何「寧靜」得下來？

只要觀照仍是清明，只要愛沒有被摧殘，生命會復甦的！生命的再生能力，永遠是人類故事中最可歌可頌的一頁。

祝福女兒

我依然是難以忍受「愛別離」的苦，在出境門揮手的一刻，我頓覺無處可躲，因爲，我不克制地酸楚，比十年前更沉重！

以前，我會講很多道理寬解妳我，我也總是一本正經地說「人生無離別，那知恩愛重」，並自視爲只是讓我們認識人生、學習面對……；所以，我欣然送妳上機，祝福妳的人生。

現在，難道是媽媽退步了嗎？我對人生體驗越多、理解越多，爲何越發無以承受？

我更加珍愛生命中最真最純最篤最實的

愛。十年相隔，一年一見，妳仍是純良如昔；在身爲女兒這一份上，妳依然是我嬌憨可人的女兒；即使妳在學術上已有妳的成就，儘管妳已茁壯自立可以處處獨當一面；妳回到我身邊時，依然是貼心善解的寶貝女兒！

曾經，爲了排遣對妳的思念，我寫了「尺素寸心」一書給妳；曾經，妳惦念我的身體，我就早晚運動希望給妳健康的媽媽……。

現在，我已不想再寫任何文字來安慰自己了！妳要諒解我不願再「堅強」，請容我此刻的憂傷——離別的重量，不因分離的歲月遞增而稍減啊！

作家龍應台在她的「目送」書中，說出她的感受——父母子女一場，只是目送對方漸行漸遠……。我知道這是普遍的事實，是人生現象之一；但是，長大的子女，在自己也經歷人事之後，是否應和父母的心愈來愈近呢？

這二週多以來，我們總是手牽著手；小時候，是我緊緊牽著妳，現在，是妳緊緊握著我……。

今晨去機場的路上，我和自己說了一千遍：要開心祝福，勿傷感不捨！女兒，我未全然做到！

謝謝兒子

過去，我開車送你上學；現在，你開車帶我出遊。

姊姊回台省親，你策劃了這次宜蘭之旅。從行前的種種安排，到一路的應變處理，你，展現了令我讚嘆的沉穩和細緻。

剛才，寫了一篇「祝福女兒」；再寫這封謝謝你的信，逐漸已能「靜靜地接受」姊姊遠行留下的「空盪」……。

兒子，其實，我抑不住的淚水，非盡爲掛慮；母心的堅強處，也正是她的脆弱處；堅強是深深體認生命的艱難，因此，早已習於挺起脊梁；但同時也看生命太清楚，反而時有閃避不了的絲絲傷懷；你們來日爲人父母後，必心有戚戚焉。

我知道，即使我願意努力給你們一個安心安身的家，但是離巢的你們，必然要自己去尋找、去創造這樣的天地；我知道，你們必得走出家門，在不可逆料的人生中碰撞；每一個成長的痕跡，都是你們的心力所刻劃；我的愛，能給你們溫暖和支持，但信心和希望，仍需自己締造。

這些年，我看著你努力嘗試想做的事；也看著你，做了一些讓我驚訝不置的事！你竟然在不可思議的因緣中，陪伴初識的同事，從發病、治療、到安寧病房，陪他走完人生——日夜照顧半年之久；兒子，你是怎麼做到的？

當你告訴我禁不住在喪禮中放聲痛哭時……，我看到我兒無比豐沛的慈悲——來自那般柔軟的心腸！

你是有「內在力量」的，兒子。

在北橫蜿蜒的山路中，你那麼穩健的按著方向盤，雙眼專注在前方，北橫的美，似乎都被放大了……。

謝謝，兒子。謝謝你讓我如此安心、謝謝你爲我訂了一年的天下雜誌、謝謝你不時宅送蜂蜜等食品給我、謝謝你不斷讓我看到你開拓、進展的生命。

今天想做什麼

昨晚，聽了幾首扣我心弦的歌曲，此刻猶餘音繚繞……，我就由我的手在鍵盤上任意地敲吧。

當你想說什麼，只要確定由衷，就有意義；有意義就不要遲疑。

當你想做什麼，只要清楚值得，就去行動；有行動何計成敗。

有人用繪畫燃燒靈魂、有人以寫作探索人生、有人借音樂寄託生命……；有人在實驗室欲罷不能、有人在職場全力以赴、有人在廚房心滿意足、有人在台上淋漓演出、有人在都會的一隅或鄉村的一角，編織著他的夢想——每一個心跳都記錄著「活」的美與價值。不是嗎？

因爲知道世事難料，豈願坐等造化操弄？因爲知道生命無常，豈願束手命運安排？總要做些什麼？爲今天的自己、爲此刻清醒健康的自己，去畫、去寫、去譜、去舞、去流汗、乃至流淚在所不辭！

人生不是只有現實。想望高於現實，它們帶來新思維、新氣象、新局面；它們也提醒我們，生命有無窮的潛能和驚喜。現實大致提供我們認識自己、造就自己的機會；它也是一個舞台，主角就是你，在自己的人生裡、自己的舞台上，每一個悲歡離合是如此真實，喜怒哀樂如配樂；多麼深刻動人的生之歷程。

我們不是命運的傀儡，我們洞悉人心的力量而不爲其所制；我們因此可以活出此刻、活出今天的風采。

今天想做什麼嗎？完成它！

這個美麗的週末，抛開昨日的一切！就在此刻，去完成那幅畫、寫完那篇文章、做一頓美食、打一通電話……去做喜歡的或想做的一件事吧。

一心一意的唱

親愛的女兒：

今天一大早，我即想在電話裡，爲妳唱「生日快樂」；但，仍先上了山，在後山的高爾夫球場邊，迎著晨曦，遙祝著妳。

晨間大地略有霧氣，昨日仍可清晰看到遠處漁人碼頭的情人橋；今日，淡水河有點迷濛，幾隻小舟破水穿梭，成群飛鳥劃過上空，還有這山林一隅，看微風拂過樹梢，學樹枝舞動的我……。

這一刻，我是真實的體會了人與天地的微妙相應；不易形容，惟自知自覺，這些片刻裡的寧靜，寧靜中的脈動，脈動中的生機……，讓我——心滿意足。

親愛的女兒，人類雖需要群居、需要互助、需要依存；但，仍可享受個體生命「俱足」的一刻；在清清楚楚諦聽風聲、鳥聲、乃至樹葉飄落之聲、清清楚楚感受到與自然一起呼吸裡，見證生命豐厚的內涵。

回家後，第一件事就是打開電腦，爲妳寫這封信。

女兒，在妳去國十一年中，我爲妳寫過無數的信；但，顯然是到今天，妳才是開始讀懂了、意會了，感受到其中不盡心意——我那裡只是排遣心中思念？我渴望以我生命之所釀，能長遠潤澤兒女的心；我渴望以我心靈之所鑄，鑄成旅途中不時亮起的小燈，助兒女看清前路，走

得穩健、走得明朗自在……。

我知道，妳不會認爲我「說教」，今天的妳，已能體察許多「理」中，蘊含著活潑潑的天機。我曾和妳討論：書中最大的價值在許多對人性的觀照和真情的流露；即使謹嚴的論述中，亦放射著作者對生命「不可已」的關懷。

妳，是走在學術的道路上，妳的理論宏富，自不待言；但，孩子，我盼你偶而走出書房，以情懷、以視野……，對「現實世界」投以不捨不離的關注。

我相信，這樣的顧念，會使妳的學術生命更磅礡、更亮麗。雖然妳說甘願在校園裡默默研究。

女兒，妳聽到我祝福的歌聲嗎？我閉上眼，全心全意地爲妳唱……。

值得記取的一年

這段日子，我在忙什麼呢？我在搬家。

蟄居碼頭一年的我，難道靜極思動？

紅塵無分都會鄉村，動靜亦無關於環境；退居未必能悠然自得，人群亦未嘗不怡然自在。

這一年的「鄉下」生活，彌足珍貴。青山可消憂，海風可滌慮；尤其漫步鄉間小道，仰望無際湛藍，浮雲作畫；俯看百卉生姿，各有風情。天地自然，人亦自然，與物無競，自得其趣，深會「乾坤自有靈境在」，吾心自有佳境在！

有時也神遊四方，胸中驀有所思若湧泉；常恨手中無筆，無法即時記下片時翩然之情思。

尤其「境」與「心」冥合之剎那，微妙就在方寸，不禁欣欣微笑。境，使心綻放；心，爲境添輝；放眼遠遠近近，觸處皆充滿生命的光輝。

八月二日，我將離開這躑躅海邊的日子了；願任運自適，真誠生活、自然生活。「悉皆具足，自然在身」，安身立命，在心，不盡在境吧。豐富的一年，邀月、邀風、邀雲……，片片可記取，只不知何以持贈諸君？

莫非自然

淚

有人說，淚滴之際，是詩；詩的意涵無盡，它可能是傾訴、可能是呼喚……，可容主觀上之各自感受，何必追索那淚滴的瞬間是為什麼？

但，它必有一個可以認定的特質：那仿若流自靈魂深處的淚，靜靜滑落中，幾有近乎爆破的力量——生命之流在呈現生命之姿時，它們，刻下了許多「永恆」。

最記得雪萊詩中有此句：「有些不朽的篇章是純粹的眼淚。」在生命的真實現場中，我清楚看過這一點。也不容忽視「一切文學，余愛以血淚書者」一言，當年「與妻訣別書」，提筆即表白「淚珠與筆墨齊下」，絕對有撼動人心的份量。

我也難忘古人「回首斷腸，清淚偷零，真箇是空悔多情」之句，明知情也空、悔也空，仍不以枉然怯步，這真是古今同一夢，多少斷腸人！這淚，是「自有生民以來」未曾止過的！

白樂天的兩篇名作，都佈滿淚痕。長恨歌中以「梨花一枝春帶雨」喻楊貴妃的哭容，寫貌亦寫神，果真是「長恨悠悠」！琵琶行裡以「座中泣下誰最多，江州司馬青衫濕」收束全篇，簡直收千言萬語於兩行滾滾熱淚中⋯⋯。淪落之酸楚，幾人不心有戚戚焉！

也記得晚唐溫庭筠「空向秋波哭逝川」一句，數十年前讀之，它只是詩，而今再讀，逝水年華，絲絲入扣！

詩人李白亦有怨情一首：「但見淚痕濕，不知心恨誰」，這也是「無告」，淚眼盈盈，心事重重，掩不住、也不能訴！

北宋柳永雨霖鈴的名句「執手相看淚眼，竟無語凝噎」，也是「千種風情」盡付「相對無言」，同樣以淚水在寫人間故事。

我不禁想：有時候，我們不想哭，可是淚自己往下流，那是爲什麼？有時候，我們很想哭，可是淚水始終掉不下來，那又是爲什麼？是心傷、還是心悅？

我亦想：人生幾番寒暑，山重水複跋涉，胸中究有幾把辛酸淚？淚，亦爲生命之本懷，就容它湧、容它落、容它灑、容它拋向悠悠天地吧。

相信淚水浸濡過的生命，是重生、再生，一絲傷痕也不會留下……。

山

我愛山。從小到大，山是我不變的依戀。

童年，即住在山邊，那敏銳的小小心靈，承載不了「現實」的重量時，我就往山上跑……。

最早的記憶起於何時？七歲嗎？九歲？還是少年時？山，是我成長過程中，一個依靠與庇護的地方吧。

那個後山，有我的童年的玩伴，是山上一株碩大的芒果樹；未想到垂老之際，竟透露自己是個爬樹的孩子。

是的，小時候，我是個野孩子，在田裡撿荸薺、在林中摘芭樂、在池塘裡抓魚〈不，是真的捉泥鰍〉；放學後常在山裡跑來跑去，或坐在山腳下發呆，那是記憶中最鮮明的畫面。

我真驚訝自己是這麼不怕山的孩子，因爲我看過長似蛇一般的蚯蚓、成排的毛毛蟲……當玩得忘了時間，我甚至在黝黑的山中跑著回家……。

我沒玩過玩具，我沒上過幼稚園，我的朋友就是山。

多少年多少年過去了，我的世界不容我再去尋找它。但是，偶有一點機會，當我再走進山中時，我每一步都奔騰著回歸的親切和興奮，站在山顛時，彷彿看見我在山腳下的人生：長大、結婚、生子、工作……，一程又一程追趕著我，我的心力不遑及他；山，成了我遙遠的「夢憶」。

當我終於卸下一切負荷，得以自主的再投向它時，卻赫然發現，山腰中的我，竟已腳步蹣跚，歲月不曾搶走我對山的深深眷戀，但，它的確已耗損了我的體貌——是不是晚了些？什麼時候我已無法再自如的穿梭於山中了？

即使我必須放棄登山越嶺的夢想，但，生命中的每一天，只要能走，山陰步道上必有我蹤跡，我將慢慢地走，當我拾級而上遠眺四方時，真爲人生的豐富而濕了眼眶……。

歇

坐一會吧！

何時何刻不可歇？

歇，是息、是止、是伏、是調、是平……嗎？

是對治狂心、妄念、成見、疲憊……嗎？

這一切，就看它生生滅滅吧！

累了，就歇一下；或者，靜靜的看雲、看人……。

樹

昨日寫花，今日，我想到自家心中，有一株生生不息的心靈之樹。想問問自己：何以獨鍾於樹？

喜歡在非假日，流連在郊山的濃蔭中，夏風的確如茗，滋養我的心田，那隨風曼舞的枝葉，也在輕撫我的疲憊；我自己也奇怪，爲何賞心悅目的花團錦簇，我躑躅復遲疑；

但面對樹，不論其大小、單獨或成群，都令我「一見神魂往之」——小樹令我憐惜，祝福它成長茁壯；老樹令我敬畏，懍然於它一身的滄桑。

在我的眼中，樹才是自然間的「尤物」，群芳都得退讓；因爲，我有自己的定義——它深不可測的活力、霜露蓄積的生機、風雨歷練的姿態……，有挖掘、體味不盡的感覺。花的世界太媚太嬌太豔，我情怯於這樣的華麗；也或許個人的成長歷程，令我情不自禁的走向大樹，甚或枯樹，尤其看到枯樹生花，以殆盡的生力猶滋育生物，我繞樹三匝，泫然無語。

這種感情其來有自，這種感情也至今不變；足跡遍歷花叢，常常是辜負了那濃郁香氛和千姿百態；我想愛花的人，必有一顆溫柔的心；而我卻獨對樹相親相近，想來應對花深深致歉。

一樹一乾坤。樹身裡彷彿還有無數的生命、無盡的寶藏；我常細看它粗硬、糾結的樹幹，疼惜它挺住了多少「天地的無情」，昂然續向天空伸展的今天，它們對我，如同史詩。

我在山下、花叢中，時有莫名的窘迫；我在山上、樹叢中，則有油然的自在怡悅；當揮手向山上的每一株「精靈」道再見時，我是那麼意猶未足……。

夕陽

此刻，在我的前方，一個又圓又大又亮的夕陽垂掛天邊。前一秒，尚見四周暈開一片淡淡的紫紅，似乎恣意的邀賞；後一秒，周圍轉爲暗紫，就像一顆火紅的球體，燃放它最後的豔麗；但瞬間的黯淡，又似完全無心於誘惑；下一秒，紫色已褪，背景轉爲淺淺的灰、再濃濃的灰…；變換之詭祕令人不敢轉睛；但，多情是吾人的，夕陽孤絕之姿是不及讚嘆的！

是否一切的美麗就是這般——或可望不可即、或有

心似無意……。吾人枉費多少心神，它也只留你數瞥的溫柔。

夕陽的孤懸，是一種絕美吧。它以既實又虛之姿，撩逗著千古人心……。復兀自豔兀自落，以終古之「無情」，展示永恆。

遠眺

拾級登亭，終得鳥瞰。

唯有與現實略持距離，才能有較寬廣的視野，眼前之景，乃至自家一念一行，都格外清澈起來。

我靜靜地體察自己一呼一吸，感覺它是唯一的真實，它生長並維繫著如萬花筒般的喜怒哀樂、悲歡離合——生命在此輝煌、在此凋萎、也在此習焉不察。

我遙念眾生，復思歷史；也恍若看到人類一座座的里程碑，記錄著如何生如何活的掙扎和壯麗。

生命體是以什麼來說服自己——此生爲何？生命體

要以什麼力量跳脫恩怨是非的糾纏，以當下之心力克盡此生？

山下的世界〈我一呼一吸間何嘗不如此〉，有文明有戰爭、有創造有破壞、有和平有動盪、有歡樂有愁苦、有遼濶有狹隘、有寬容有迫害……。交互切換，似是沒有定律中的定律。

這般撲朔迷離，復轉瞬變滅，我們如何清明得起來？如何免於不犯錯、不失悔？於是，我們一個個心力交瘁了！

我們在其中打轉，或情急攀援依附，不及反思一心，如何能安頓下來？如是，我們的一切，是不是都太漂浮呢？然則，我們又如何重整生活、重尋自己呢？亭中遠眺，眼前大千似是如此、就是如此；但，必然如此嗎？

清趣

那天，爲我的那些小小植物照相，只爲一點回報之心，回報它們默默相伴並饗我以如許天然之姿。

我十足在攝影門外，但又何妨？高手必不見笑。清歡、清趣此情，頗有自得之樂。

這幾株植物，不曾修剪，任其自然生長；在我眼中，它們也性命俱足；或靈秀、或婀娜、或蘊藉、或舒展……；它們本然如是，如是本然。

我虔誠攝之，愛憐有加。

漫步

當我寫了一連串有關生命〈生老病死、悲歡離合〉的課題後，感覺要「靜」下來，讓心湖靜下來……。

因此，停筆數天。得空，就是散步。我在清晨的堤邊看水鳥覓食，追著牠們飛翔的姿勢；或看對岸山頭雲朵變幻，雲山相纏，似有意又無心；或走走後山，山路上有時無人，我索性放懷吟唱：「微微風，湧起舊夢，拾起一片回憶如葉落。一生追悔快意都相同…。」也唱「請你再為我，點上一盞燭光，因為我早已迷失了方向……。」再唱「風吹來的沙，落在悲傷的眼裡……。」獨自哼歌有一種私秘的快樂；那種生命小小情愁的淡淡傷感，是如此真切地呈現生命的風姿。回碼頭再聽濤聲，沉默中亦似有新悟，使我只想閉上眼，融入這一片天籟中。

今晨，不禁在山坡擋土牆上的籐蔓前駐足，偌大一片牆，竟只有一朵花開在其中！也特別攝下路邊六株木棉樹，感謝多年前相遇，一直默默迎送的親切。

自然界裡的交會，格外多無言的喜悅。

山水有靈、花草有靈。它們以氣概、氣韻；以姿顏、表情，展現自己的生命。果然，美，就是自然。

畫遍山河大地的畫家梁丹丰女士曾說：「畫不過上帝」！她千山萬水跋涉之後，吐此心聲，境界令人神往。

我蟄居一隅，即使日日伏案，又能寫出什麼？心思再綿密，情感再幽微，也只是自家方寸間的漣漪，何識「盧山真面目」？我所思所寫，正如今晨山上，一片片拂過的輕風……。

但我依然喜愛著，朱光潛先生在八十六歲時說的：「只要我還在世上一日，就要做一天事。……但願我吐的絲，能替人間增加那怕一絲絲的溫暖，使春意更濃也好。」美學家有如是使命感，總感覺看到一個既柔韌又壯麗的生命；一如我在自然界看到的感動。

信步走來，空山無人，水流花開；登高遠眺，世界無窮；我即使不寫「生命」，但盈天地間，莫非生命。

秋雲

走在路上
不經意仰望
但感秋雲無心
恣意於藍天起舞
笑人間
恁般徒勞
空自纏縛

登山

豈有陽光不及之處？

秋雲來如夢去無覓

↓柳杉林木

外鳥嘴山

美麗雲瀑

縈青繚白

藍天也爭妍

風雲難測

瞬間之美

無限生機

代課已兩週，幾乎天天往台北跑，想走山林的心格外強烈起來。

週末，就隨〔野豬一族〕去登外鳥嘴山。

此山在關西，爲新竹地區第一高山，比台北七星山猶高。

從「馬武督探索森林」進入，沿途，有「元氣步道」「綠光小學」「虹橋瀑布」「馬武督瀑布」「楊梅阿公阿婆」〈數百年老樹〉……等，但，這只是小小的「點心」，「正餐」絕對有想像不到的內容。

才放鬆於步道的悠閒中，隨即彎入小徑，陡坡在前，踏入即連續不斷，曲折而上，不遑喘息，一路爬向「馬鳥連稜」，需攀升六百多公尺。

路上茂林密布，不時須雙手排開交纏的路樹野草，始能看清前路；腳下雖多石塊，但青苔鋪蓋，樹根四處伸展，同樣濕滑，似乎踏在落葉交疊的土壤處，方略感安穩；但也有堆積的樹葉下是空軟的，不可貿然踩入；登坡左處則是不折不扣的「萬丈深淵」，整片懸崖峭壁，俯視心中一寒。

同行山友都是登山老手，假日幾乎都在山中穿梭，爬坡如履平地；我平素偶走郊山，多爲整理過的山路或棧道，鮮少登險峻坡路，這趟走來，步步艱難，點滴心頭。

在爬得雙腳發軟時，我不斷以古人之句「世之奇偉瑰怪非常之觀，常在於險遠，而人之所罕至焉。」鼓舞自己！

終於上了山頂！定下神一望，我驚得說不出話來！隨之浮上的是「始得西山宴遊記」這一段：「其高下之勢，岈然洼然，若垤若穴，尺寸千里，攢蹙累積，莫得遯隱，縈青繚白，外與天際。」正是一語不差。

放眼青山白雲，千古繾綣；一切似伸手可觸，一切又如夢似幻！

大家或舉杯暢飲、或煮水沏茶……，我未飲一杯，已全然就醉了！

且效古人「箕踞而遨」，雲蒸霞蔚，氣象萬千，四望如一，感動莫名；之前「攀援而登」的辛苦，早已隨風而散。

我深深地呼吸，「天地有大美而不言」是真真切切領悟了。

〈坦白說，現在坐在電腦前，猶全身疼痛；尤其昨晚，雙腿痛得〉

不遷

我不禁要跟大家說，今晨的淡水河，或說，紅樹林的海水，真是美得令人屏息。

你看，岸邊是淺淺的灰藍，稍遠是淡淡的水藍，往上看，完完全全的海天一色。這是清晨七點半我在堤邊目睹的情景。

這有什麼好驚喜的呢？昨日訪金山，海上猶一片淒迷，那種寥廓之感似萬古的蒼茫；不到一日，景象迥異；今晨海水的溫柔讓你的心也盪漾。

我們若不隨外境轉，看到的是天地的本心——它何嘗有變，外象的紛呈，顯示生命的豐富，豐富慰藉勞生，同時開視野、擴胸襟，也激發我們的本心。

原來，天心、地心與人心，承受負載無以計、瑰麗豐美無以計、變幻莫測也無以計……；惟本質皆然。是「心」在化化成成。

一切都在變化，也都在進行。我們也在這裡面找到自己的力量——洞察它們的微妙，穩定自己的精神，在萬象遷流不居中，審視自己被外境牽引而起伏的心。

是的，生命的問題，大致要用生命去感應，知識或無濟，表象不可據；我們要穿透海上的濃霧，拂拭內心的塵埃——你怎能不驚喜本心的美麗？

即使此刻，你猶有千歲憂、萬古愁，但在這藍的似真似幻的早晨，終至可以領悟「活在眼前一瞬」的意義。

「宇宙不曾限隔人，人自限隔宇宙」……，天地無言之心意，讓人欣欣微笑。

〈可惜今晨未帶相機，此張乃昨日之海邊。想像那煙霧盡散的另番景致吧〉

生機

想照樹
不經意地望
不經心地拍
一園之內
榮枯並存
但覺枯樹的生機更強
神往它落盡之後

是何等風采
潛藏的力量無以想像……。

蒼茫

午後，來到金山，信步地走。
若有思，若無思。
亙古浪花，我只是片時過客。
海天蒼茫……。

生生不息

- 落紅成泥，乃生命的沃土。
- 逝者如斯，乃大地的命脈。
- 一念寬宥，乃解脫的契機。
- 不執不取，是幸福的根源。

●各得其所，是宇宙的圓滿。
●觀照無常，是慧命的開展。

陰霾之中必有藍天

從那裡來？往那裡去？

天地無邪

我躑躅於此，眷眷於殘留的秋色。

照柳樹，因爲它依依之態，歲暮猶新；照芒草，因爲它紅黃相映，燦爛如昔；照急駛中的捷運，因爲那長長的車廂裡，承載了多少生命故事！照烏雲密布中的藍天一瞥，因爲那是不絕如縷的人間希望。

風譎雲詭中，看到的是「無邪」！無邪乃生命本色、天地至美。

斜風細雨、潮來潮去……，萬象天然、無爭無忤。

此心單純正向，世界亦復如是。

山陰道上

一、今午，我坐對青山，但覺青山有心，脈脈相望，直似老友相聚，不消言語。

流水不理四季變遷，或滔滔或淙淙，自在展現它的節奏。

步道兩側年年盛放的木棉花，亦兀自開兀自落，無涉人間故事。

我頗有微妙之感。這山徑上自有滄桑不蝕的生命。
空山無人，水流花開。它們不嘆〔奈何天〕。
二、路邊一株樹，昂然蒼茫中。
遠望它似遺世獨立，近看它是特立獨行。
遒勁的軀幹、蒼鬱的枝葉、復加細緻又繁富的紋理……。
要多少歲月，成就它今日的面貌。
每日爬山，必定與它會晤，風雨晨昏——它沉默著、伸展著……。
沉默是一種凝聚、伸展是一種活力。
我繞樹三匝，仰觀「橫柯上蔽」，俯視「根深柢固」。
試問：力道何來？或亦是不識人間憂患吧！
一樹一乾坤，觸處皆妙諦。
我盈盈上前問候，「醺醺」山徑歸來。

山的召喚

我要爲自己頒一個獎。

不是爲自己昨天爬了近七小時的山，不是爲了那雜草叢生披荆而行的山路，不是因爲左顧是幽深的山谷、右盼是逼臨的峭壁……當然更不爲那踩在溼滑的石塊上結結實實的幾跤、以及迎面撞上橫身而出的樹幹。

當然更不用說那全身汙泥進捷運（汙泥已經乾了啦，不會弄髒車子）痛到邁不開步伐的狼狽。

但我躲在角落，腦中迴旋著氤氳、飄渺、嚴峻、錘鍊、壯懷、情韻……但覺都與山連結，竟只想笑。

我爬山，沒有理由，沒有目的，就是無法抗拒它偶而傾來的召喚。我奔向它，不爲尋覓、不爲挑戰、不爲征服；我爬山，無所爲而爲。

山是自然，我亦自然，我自自然然而去，自自然然面對苦樂。在奔騰的血液、涔涔的汗水之後，我雖力竭腿軟，依然是回首再回首雲端的山峰……。

今天，包括此刻，我其實站起來都有困難（真不知昨日七小時是怎麼過的），但我說要為自己頒個獎——我作了一張小小卡片贈自己，且題上〈自然而然〉，可以嗎？

另一種記錄

一直不曾在部落格PO照片，因為不懂攝影；但，如兩個月前試寫網誌一般，現在，試著學攝影，願以更多的方式記錄著我的生活。

自然也和文字的敘述一般，無所為而為；文字是隨心之所往而落筆，鏡頭也是。人生不就是連串的學習嗎？若能因此而「翻新」自己，那真是最大的收穫了。

我已退休，遲暮之年，看什麼，的確有「雪泥鴻爪」「他年夢痕」之感；人生真似風中絮、水中萍、鏡中花、江上月……！但又如何！當下和所有的「美」相遇，感受這一呼一吸、一時一刻的充實，這不就是最真切的人生嗎？

清晨的淡水堤邊，遠山在望，小舟自陳〈2009.6.1〉

人潮退去的淡水堤岸〈2009.6.1〉

初次去大稻埕，由民權西路站永樂國小開始〈2009.6.2〉

滋養靈魂的地方（成功高中圖書館）〈2009.6.4〉

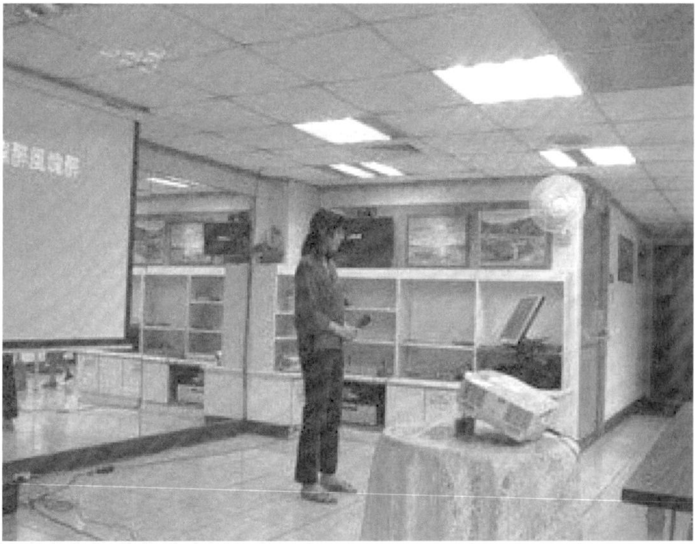

歡唱此刻，渾忘世務〈2009.6.5〉

攝取人間的美

俄國十九世紀的詩人普希金曾有名句傳世：「我記得那美妙的瞬間，攝取人間的美。」他的「哀歌」是他「驚恐中的傾吐」，在每一個「從冷酷的夢中醒來，心中燃燒起詩的烈火」的時刻，他赫然「發現美」，並從中汲取創作動力；此後，因詩而得復甦的他，不論是憂傷「青春從眼前飛逝，生活的玫瑰也將一併枯萎」或「對浮浪的人群投以冷峻的一瞥」，都真切有不可攫奪的美。

那是一種心靈的歌唱——洗禮、蛻變、轉化、昇華……，反應著人生的各項變奏：追尋與放棄、希望與絕望、幸福與悲哀…，都一一低昂於詩人的筆底。

智利詩人聶魯達也有兩句詩充滿了「美感」：「在

我們憂患的一生，愛，只不過是高過其他浪花的一道浪花。」「浪花」的含蘊無盡，若真實又虛幻、永恆又短暫的人生，千古重複的經歷，最終只是「人類的一切吶喊，一切的掙扎」，都是蒼茫天地中「一片永恆的寧靜而已」。

因此，什麼是永恆呢？浪花為誰而來，為誰而去呢？唯一的真實是，我們適時在此驚嘆它的美！但那也只是「一聲嘆息」！在這一個時刻，生命從四面八方來，生命在此相遇，共同經歷著、體驗著生命的起伏，共同見證著、欣賞著生命的變化；隨後我們復向四面八方而去；可堪告慰的是：美的發現、美的相照，豐潤了逐漸憔悴的生命。

至此，詩人的孤獨，詩人的「狂言囈語」，竟是如此親切。我們感知，我們共鳴：詩人在浩瀚的宇宙大地裡所開採的美，竟是如許輝煌與深沉，靈性的互動，終至締造了不朽。

記得余光中先生這兩句詩：「詠一首歌，是瓜而苦；被永恆引渡，成果而甘。」我們在此看到什麼？詩中閃閃動人的正是詩人在歷程裡「自焚」而結晶的永恆生命。

生命的姿態若千門萬戶，生命的內涵也有千差萬別；詩人以獨特的心魂，攝取人間的美，復向人間映照⋯⋯。那攝取的瞬間，交會的剎那，即使戛然而止、倏然而往⋯⋯，縱有遺憾，美已留下。

長空不礙白雲飛

若依佛法來看，雲是有還是無？是色還是空？我想到「本來無一物」……。

雲，因爲「無心」，始可如此悠遊四方、變幻萬千吧！

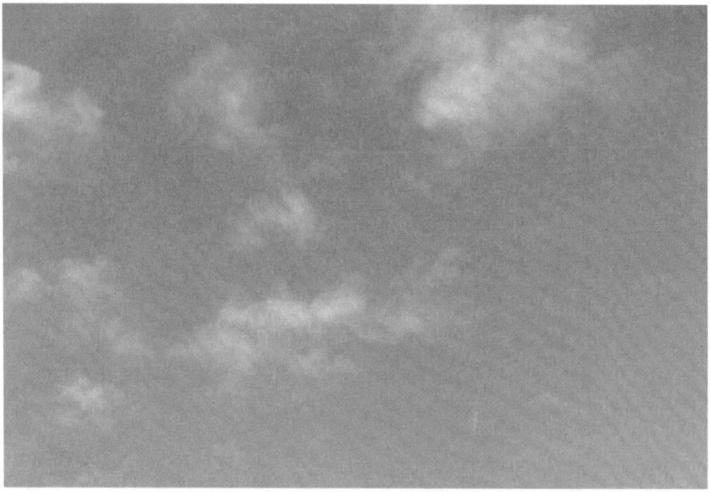

同聲相應

機遇

多麼意外的事，在捷運車上，我讓座給一位提著重物的師父。師父給了我一張卡片，

卡片背後有這幾句：

風吹起　空中一片零亂
九重葛灑落整條街
說它繽紛　快意中有著　罪惡
說它　離了枝　歸了塵
難以承受的憂傷裡

才有了再生的　喜悅

摘自〈僧團手札〉

我在靜默中看著這幾句，靜默中突然感受一種生命的徐徐光輝，徐徐的光輝高於一切的生命故事。

契會

每思東坡讀莊子之言：「吾昔有見，口未能言，今見是書，得吾心矣！」自然會心。這是一個精神上高度相應相照的境界；這是無限的滿足——英雄相遇的心境。

司馬遷對孔子也頻頻言：「余讀孔氏書，想見其爲人。」這也是內心深度的觸動，是靈魂的撞擊！

無分古今，人間生命「交會的光芒」——這一刻〈悄然動容〉，即是永恆。

面對栩栩如生的生命實踐，我們「未嘗不垂涕」之餘，究竟，能對自我生命作多少突破呢？

師生

一週前，和去年畢業的三二二幾位同學相約一聚，未料見面前日，韋霖不幸腳傷；當我上前迎接，看到左腳不能著地的他，竟是一跳一跳地前來和我一見；鈞偉偶而背著他，其他同學偶而抬起他……。

問爲什麼還要來？他們說太珍惜和老師的會面了……。

什麼是師生關係？我們傳了什麼道、授了什麼業、解了什麼惑？我們給得有限啊！只敢寄望在這有限中能助他們開展出無限；我們只是引渡，願引渡生澀、引渡脆弱……，到開闊的彼岸、到堅強的彼岸；我們只是相陪，在他們動盪的青春期，以「師心」守護一段。

我看著跳出滿身大汗的韋霖、我看著背著他一臉脹紅的鈞偉、聽著啓嘉、廷儒、彥德開開心心講外蒙古、北海道、帶夏令營、漫畫社……，也看他們互相笑謔……。

即使有意外，歡樂依然滿室。他們不再是大學生，像幾個小小孩一般，放鬆、自在，燦爛的笑容令我陶醉！

〈師心，即不忍不捨之心〉

思念

今天，是高三這學期第二次指定科考模擬考，我回學校代課，回到我熟悉的校園。我站在313的教室裡，右邊是學校即將落成啓用的大樓，左側緊臨濟南路的牆內，有學校悉心栽培的花圃和幾株不知年歲的大樹。

東看西望中，忽然就憶起當年的324，324教室在濟南路正門的另一端，324的孩子在晚自習累了後，不時會說笑排遣，曾有同學戲言，在十點離開時，目睹過隔街宿舍女生換衣服的情景，大家譁然，留校大增…我聞之亦莞爾。十七、八歲的少年郎，在升學繁重的壓力下，弄些有的沒的笑話，也是來年記憶中的青春紀事吧！

那一年，我與324的國文課，總是充滿笑聲。班上是一個非常棒的組合，所有同學都是我眼中的「奇花異草」；我每上課忽有新悟即哈哈大笑，學生一時無以會心，瞠目之狀，更惹得我笑彎了腰，隨即教室裡也頓時笑聲喧騰；即使上得是令人動容催淚的抒情文，靜默中，也似有一股起伏的活力。

誰說高三一定是苦澀、鬱悶的，我要打開、要指引這些孩子看廣大又開闊的生命世界，保持簡單、樸素、奮揚的心，前進的歷程再苦，也無阻於我們去探索、創造生命無盡的美麗新世界。

今日監考，我憑窗遙想……，324，你們還記得我們的國文課吧！記得我強調國文課是滋養性靈的課、是培養生命的課嗎？記得「恢宏堅忍」的班訓嗎？記得每週五最後兩堂，大家最累的時候，我們笑聲不斷的情景嗎？

大家在無形中蓄積著靈動的飛翔的力量。那是民國86年吧，你們是八十七年畢業的一屆；孩子們，老師竟然在十餘年後，回校代課時，驀然深深懷念上心頭！

那一年，八十六年，也是我母親辭世的那一年，我在喪假前日回班上交代諸事時，不自禁淚灑講臺……。

在時間的推移中，大家改變了多少？成長了多少？我在網路上只見過蔡昚民的網誌；大家必然已投身於各行各業。

社會煙塵滾滾，我欲覓無蹤，何時本心本色再見？

分　享

當我在靜靜的夜裡，按著鍵盤，我有著難以言喻的莊嚴感和淡淡起伏的心情，我雖爲生命落筆，但非爲哲理發言；我雖任教國文，亦不爲文學而寫；當然，畢竟走過這麼些歲月，總有些幽微的體察和領略，但，重點其實在回歸自己，同時把積年累月的生命觸感——結晶吧！作單純的奉獻與分享。

到了某個年紀，沒有私心了，也了無希求，即想回饋人生——也許我還能做什麼？也許我的付出，也是一種再學習，提筆，不也是對自己的再次期許！

每個人對生命的熱愛和實踐，各有不同；每晚，響在我耳邊的，不再是單調的打字聲……，我自己都能感受到心意萬千，一聲一聲的敲著鍵盤，如與老友晤言一室之內。

不過是善盡自我生命罷了！

或許我是自不量力想爲人間添一絲暖意，或許我願以片片心曲陪伴負傷又無助的心靈……。

也不過如是而已！

退休之年，勿空嘆歲月匆匆、體貌日衰；也許一枝筆，可以成爲一束小小的微光，它雖弱，但猶有餘溫。

單純的心、單純的付出、單純的分享，人生不是更美一些嗎？

相逢

二個半月的代課在今天結束。

在203，下課鈴響時，全班起立向我行禮，認真的模樣竟使我一時羞赧得像個初登壇的實習老師。接下203全班留言的卡片，與小老師相擁道別，與……。

204，則在最後一分鐘，意外出現「攝影師」，留下了這兩張合照。我原意推辭，但拒絕不了204的熱情。

下午，我決定到久違的山裡走一走，請路人爲我拍了幾張走在山道的照片，我也隨意照了幾朵小花。

此刻，我反覆告訴自己：明知聚散匆匆、明知聚散匆匆……！

可愛的203.204，謝謝這兩個多月的天真笑語、謝謝你們說「感受論語的光芒萬丈」、

「文學作品中充滿磅礴的生命力」、「深受無限感染與感動」……。

這段時光，這段記憶，這段不絕於耳的「呵呵呵」，如果不用「美麗」，我們能用什麼來形容呢？

對話（一）

對話有相互的溝通或深度的共鳴等層次上的區分。

對話的前提，首在真誠，真誠開心門，隨之展開對話，創造善的循環、美的情境。

對話有問答、有告白、有疑惑、有觸發……，可「轉轉入、轉轉深」，由此一意念聯想另一意念，由此一思維躍至另一思維；一來一往中，處處有啓我心智、潤我心靈的妙思慧語。

對話沒有侷限，用心聆聽、將心比心、同聲相應、同氣相求，都是對話；靈犀相通之境，即是對話的最高境界。

試思以下場景：

那「執手相看淚眼，竟無語凝噎」，有沒有對話？

那「想見其爲人，未嘗不垂悌」，有沒有對話？

那「微之、微之，此夕此心，君知之乎」，有沒有對話？

這幾幕似乎都未聞其語，但，分明有聲音在其中；無言、蘊藉，亦有其深沉、磅礴的感染力、召喚力。

當然，也有鏗然千古的對話：

子路問：「君子亦有窮乎？」子曰：「君子固窮，小人窮斯濫矣！」

每解此章，我亦忘言……。子路不是怨懟，孔子不是說教，兩個在現實中掙扎的靈魂，以不同的姿態，昂揚的宣示著生命的信念；意不盡在言內，數語有千鈞之重。

精彩的對話，在其爲有生命的對話。其人其聲其影，因此栩栩然、凜凜然活下來了。

對話可擴而大之，「天地有大美而不言」，是一種和天地萬物的對話。

即使真的「看不見、聽不到、說不出」，人，依然可發揮天賦的敏銳纖細和這個世界對話，活出一個至美的心靈。

對話的境界無止境，良好的對話，洋溢充實之美，也如無所不在的餽贈，我們就在這樣的對話中汲取生命的養分……。

對話（二）

前文說「對話」的可貴，今天看一遍，似有未竟之言。

對話，是面對問題的第一步，跨出這一步，人生會輕鬆很多；對話，不僅是彼此釋出溫暖善意，也是彼此的和解相融；展開對話，也展開了胸襟、眼界。

對話亦可修補、縫合生活裡不覺失衡的現象和不經意造成的傷口。

可惜，對話不盡肝膽相照，也許話鋒如劍，斬斷了對話之橋，雙方各持一端，如孤懸兩岸，那會是什麼景況？

關上對話之門，或無異身陷暗室，只餘負氣逞強獨對自己，生命又會是什麼景象呢？

人際之間，各說各話，最是令人苦悶；我們如何覺察自己的「意必固我」，才是阻擋對話的高牆；如何讓心靈開放，讓眼神柔和，如何傾聽、諦聽，感受對方之感受，理解對方之理解；捐私見、棄成見，那麼，眼前洞開的，不只是對話之機，更是一個自我大好學習和突破的機會。

對話可以達到藝術的境界吧！對話可以充滿感性與知性的交映吧！人人皆可以彼此

爲良師爲益友，開展饒富意義又餘味不盡的對話；如此，善言圍繞，春風拂面，心靈是何等郁郁青青啊！

隨緣

我豈敢說以熱血洗乾坤之污濁，我只願說以熱淚淨吾人之塵勞。

早歲那知世事艱，早歲亦不知自性何在？而今漫漫長途，幾番跋涉，每有驚心之悟；切知「站起來」「活出來」「做自己」……此等尋常之語，在在不易。

以己及人，衷心惦念；執筆寫此，何辭淺陋？但知一心、亦盡一心而已！

生命之路，曲折難測，我每顛躓其中；生命之道，說易行難，我亦有門外徘徊之窘境；但，誰又是已「登峰」了呢？境界是一層一層翻越。

因此，我雖知生命的學問浩瀚無極，惟略嚐一味，也切望與有心人隨緣互相分享、隨喜彼此學習；匆匆人生，或暫得清風拂面、塵埃散去之安慰。

相逢何必曾相識，在此照面，念念純摯、念念是對生命的祝福。

水流花開，處處是法。萬變歸宗，乃在初心。

謝謝拜訪的朋友。生命一息在、一心存，面面都是萬紫千紅。

共鳴

愛有多深，疼惜就有多深。

剛才，友人轉寄一篇文章給我，摘錄自陳建仲先生的「煙斗客的重機日記」。

我首先被背景歌曲所吸引。

前言的部份吧，有一句引自原住民耆老的話——水，永遠記得回家的路。

我的心被強烈的敲動了一下！我打開電腦，想寫什麼、想回應什麼……。

我就順著我的心情一字一字打出來吧。網誌開啓，清亮的女聲響起，眼前彷佛升起一幅畫面：

她站在殘破的大地、廢墟般的家園前，幽幽的向天引吭！

作者以「找到一個有價值的觀點」之視角落筆，寄望以此能轉化悲哀、帶來枯木回春的力量。

他進入被管制的災區，以心以眼去安撫面目全非的「曾經豐饒美麗的故鄉」。

歌聲比敘述更重地扣擊在我心上；她不僅唱向天際、唱向萬古、她唱出好大的問號！哀哀生靈！哀哀失所！

浩劫！如一場誰也逃避不了的夢魘！良善、邪惡、期待、絕望、慈悲、殘忍……赤裸展示！

淚水無力流著、怒罵徒勞盪著、集體的焦慮、集體的陷入幽谷……。

這是誰的曲？這是誰的歌？不用聽懂歌詞，不用知道內容；只聽旋律、只聽歌聲……。心，隨之昂、隨之落、隨之千迴百折！

只有這般反覆的唱，才能撫慰一下自己的靈魂吧！

自古問天問地唱不盡！當怒濤挾土石掃過一切、蓋過一切……；僅能容嗚咽的歌聲倖存下來？

作者有很深廣的搜尋和觀照，最最令人不忍不安的是那些日升日落、與自然同一脈動的生命！

不及嘶喊即被吞沒！留下的人惶惶無告！洪水究竟要摧毀什麼！

曾經漠然於「自有生民以來」的敘述，以爲那只是歷史的一頁。

而今，四十八小時之內，造化以雷霆之勢，對猝不及防的生靈凌厲之一擊，這一頁怎麼寫？

果真是「不願面對的真相」！果真是「難以面對的真相」！

作者寄望在重創後，全民新生一個恢宏的生命態度；這顯然是生機之所繫。

我曾不敢去想貪婪、短視、苟安……等字眼，我怕成爲冷血的旁觀者、無情的評論者……。

我關上燈，讓這篇報導的背景歌曲流瀉在室內；我願以虔敬的靜默去感受同體共命……。

這是一篇值得細讀體會的報導，作者在筆下與萬物、眾生「同呼同吸」「同歌同泣」。

我們對這塊土地的愛有多深，疼惜就有多深！讓我們以不同的方式實踐它、散播它吧！

感應（一）

難道是想覓空谷避人聲？還是什麼在召喚我？週二午後，我來到瑞芳鎮金瓜石。

車子駛過九份後，幾個彎路，一片白牆豁然在目。主人門前相迎，似知煙塵中奔來的我們，何等虛弱與乾涸！

黑咖啡飛揚著苦澀的甘味；黑亮的地磚散佈著沉默的魅惑；牆面上伸展著主人的手跡，斑駁點點卻洋溢著鮮麗如新的生命氣息……。

主人娓娓道來，畫室淵源、生命歷程。一派自然。主客之間，頗有「取諸懷抱，晤言一室之內」的灑落。

隨之瀏覽四處，室外有一平台，乍一出門，驀見兩山相握，海天同色，既驚又疑，莫非眼前是一片巨大的畫布？

回眸看主人，年年歲歲與日與月與山與海，晝夜相伴，看浪花溫柔、望波濤洶湧、微風入窗、絲雨來訪、夏夜星辰繽紛、冬日雲霧纏綿；斯人斯地斯景，竟是渾然一境、天然天成。

「出自心靈才能進入心靈」「出自天然才能相應天然」；一個無邊無際的心靈，才能相感於無邊無際的世界，才能凝視無所不在的生命吧！

在此四顧，蒼茫的不只是天風海雨，孤寂的也不只是創作的背影；立在天之涯、海之角，畫家自有他的身影。

感應（二）

在捧讀畫家的作品後，我心有怦然。

若真觸到什麼，即不必解說·不必詮釋、不必引申或介紹。自然，也不必婉轉、不必含蓄、更不必思索。

心的感應，在撞擊的瞬間就是極至。

因此，即使不懂畫、不會畫，我仍想秉筆直書。

曾經，寫過相近主題的文章，也曾以「凝視存在」「時光刻痕」爲題書寫生命情懷。但，我的寫作境地，不及畫家的藝術境界；畫家用心探索、嘗試、耕耘、體驗……，時時有石破天驚的發現和成就。我願以觀賞者自視，那一點共鳴，足以讓我「自負」。

不是依稀，是真切看到畫家思想的靈光，在作品與氣質與談吐之間不停的閃耀，語默動靜的感染力無可不見。

從金瓜石回來後，我確實也連夜伏案，當天深刻受教的震撼，令我不自禁揮筆千言，惟此刻全然刪除。當下若有所會，言語成了累贅。

謹摘錄畫家作品「暗夜中的悲嘆與歡歌」「代跋」中數言在此：

「現世的黑暗自亞當干罪伊始，其情於今尤甚。昔時哲人秉燭日遊〈古希臘哲人〉，良有以也；「時光刻痕」被絕望所糾纏的黑在《夜間歌唱》中，已然被釋放了。夜鶯之歌正說明了欣然詠歌的緣由，甚願以這些作品與您共享心靈的平安。」

畫家看到時光的全部、看到生命的侷促、看到當下的價值、也看到消逝的一切……。

我不懂畫、不會畫，因此，我不寫眼睛看的，我寫直觀直覺，直觀直覺可不追究對錯、深淺。

不自限而抒感，心中坦然，感動自知。

感應〔三〕

畫家亦有詩作，似散文詩。下筆頗「從心所欲」，惟心路步步可尋。

我亦在此節錄片語：

一、迢迢路——但我確信善高於美，由善而生的美永不褪色。

二、悄悄心——獨處時寂寞的是軀殼，群眾中枯死的卻是心。

三、風中重生——鷹醉於高翔，夜鶯醉於夏夜。

而我，醉於盡吐生命。

我不是死於枯乾，而是死於一顆灼熱的心。

四、血淚之石——當那小小的石頭承載了我的生命，它就以一種自足的狀態存在著。

風何嘗恥笑漣漪，我的工作若出於你，我就無愧！真愛中沒有小事。

〈此愛源自生命、理想或信仰？〉

我知道畫家何以說「冬天是生長的季節」了。

我知道在「起起落落」「昏昏眩眩」中，實境與幻影的交錯裡，那幢幢卻又不滅的生之意志、藝術之意志了！

我知道「蒼茫中泥沙吐盡，乘著一身輕盈，歸去。」的承當與釋懷了。……

畫家的筆、詩人的心、宗教的情懷、生命的行者……。還有什麼能蠱惑能威脅如此誠實又勇敢的生命？

致女兒

Not every daughter
calls her mother "friend"
But I do.
Not every daughter
feels safe sharing her secrets,

her disappointments,
and her hopes with her mother.
But I do.
I do because of the woman
you are, Mon,
because of your
openness and support-
because of the love
you share, every day.

親愛的女兒：

我留妳的卡片在此，留下我最大的「珍藏」。

妳曾說：「亦母亦師亦友，夫復何求！」

我要按下千言，只說這一句：想妳、想弟弟，是多麼幸福……。

From Your Daughter
Happy
Mother's Day,
Mom

致 322

嗨！322，今天，我回學校，代一位同事監考〈高三正在期末考試〉，到油印室接過考卷，看到班級 322，心中即一跳，再往教室走，門前那三個數字，又令我一跳；進去發考卷，環境是如此熟悉，講台右側窗外仍是一片濃蔭，左側可以遙望的那株木棉樹，花朵似在凋落，惟教室旁走廊的花圃已有新花綻放；教室內的櫃子依舊零亂，幾隻球躺在角落，是最貼心的陪伴，它們正安靜的等待主人們考完，帶著他們奔向球場，一起馳騁青春！

十七、八歲的少年郎在制服下模樣幾無大異，但我仍細細找尋那些熟悉的面孔：坐在我講桌前一雙大眼，看來專注卻又總帶點心事的廷儒呢？在成大吧，爲翔也是吧。

啊，坐在講桌前的我，一排一排的張望……。吉浩呢？是322唯一讀軍校的吧，國防大學電機電子工程學系，將來一定是個優秀軍官；彥智呢？陽明大學？看來憨憨的，〈偷偷〉用功哦！那年年拿第一的柏賢呢？果然如願申請到清大電機工程；彥均也是申請到台大的吧！班上有幾位到台大？宇志、靖恩、黃韜、凱文〈藥學系是你第一志願呢〉、鴻昇、瑜隆、醒宇〈護理？嚇我一跳呢〉；我的國文小老師奕緯去中興了，宇泱進了輔仁醫學系，那天在捷運上遇見，好帥的小子！昱辰呢？聽你講話真要急死人，卻又總是一付無辜的眼神，你在中央嗎？劭霖呢？放棄成大重考，現在情況如何？本班魔術師冠儀在師大吧，魔術一定更唬人了吧？令我想念的哲弘呢？台語歌唱得令我著迷的揚叡，還有萬叡、彥德、建喆，都在長庚吧？真想你們！金嗓耀煒呢？政大廣電系，是嗎？鈞偉是申請上國立台灣科技大學的吧；星培去了中山唸護理嗎？鼎鈞在淡大建築，來日絕對是這個領域的人才；祐綸去中興讀獸醫，很適合呢！〈我是多麼懷念那年冬天，寒冷的六點半清晨，和祐綸很有默契的每天同節車廂的日子〉。彥君在中原嗎？我很想念你呢！奕晨呢？在中興過得好嗎？不要擔心你的國文哦，它們是可以一直進步的！博凱呢？清大的物理，讓你很有發揮吧；華揚呢？也在中興；德毅呢？海洋大學，好令人想像哦！我和你還是同天生日呢！承晏一邊跳街舞一邊立志讀牙醫，好小子，你辦到了！志宇呢？啊，那天在公館巧遇，身邊已有佳人了呢！譚復呢？輔大是嗎？啊，還有明叡、還有啓嘉……。如果我漏了誰，要告訴我啊！

成長不容易啊！大家畢業快一年了，一定經歷了很多新鮮的事；我雖在監考，滿腦中起起伏伏的都是你們的身影，你們上課打瞌睡的模樣、你們抱著球衝向球場、你們大口呼嚕呼嚕一分鐘吞完一碗麵、你們做模擬試題的無奈表情……。

322，我的小朋友，你們都好嗎？

寫給兒子

親愛的兒子：

這是多麼美妙的一天，在豔陽中醒來的我，正想著今午和你的約會，卻在打開電腦，想回覆一個友人的來信時，意外看到你的數通「回應」。

我收到的，不只是你的回應、你的關懷；讓我震撼的是：你這麼多細緻又深入的感言，裡面有足可採擷的智慧〈相信我，我不誇張〉。

對母親而言，有什麼能比得上兒子如此深切的「迴響」！

親愛的兒子，謝謝你如此安我的心，因你的善良、貼心和穎悟，是這般安慰鼓舞了一個母親的心——這真是今天最棒的母親節的禮物了。

你總是會令我驚喜，即使你讓我流淚時，我仍知道，下一刻，你總是會令我驚喜！

我的人生因你而璀璨，不，不用璀璨；我的人生因你而真實而不虛，因你而如此——心滿意足。

親愛的兒子，請好好照顧自己；如果我們懂得愛，我們要以快樂健康的彼此回報擁有的愛。

昨晚也收到姐姐寄來的卡片，我離開芝加哥時，大雪紛飛，密西根湖畔放眼都是枯樹；而今，想必是一片春光爛漫了。也許，我們應多體會造化的奧妙，而不必太感傷世事的變遷；當姐姐感謝媽媽不僅是母親，還是她的朋友時……孩子啊！這正是我向來的心聲：感謝你們不只是我的兒女，你們，竟是我最好的朋友，「相知相惜」的至情至愛，竟然是我的兒女！這是上天何等的恩賜。更切切祝福天下母親、天下子女，都能真情相見，真情扶持的生命，會更願意去傾聽、去感受、去回應彼此的愛。

兒子，對你和姐姐，媽媽說千遍的愛也不倦不膩。再說一遍，爲彼此，要快樂健康哦。

母　親

濟城歲月

今天，回校代課，我首次踏進剛落成的新大樓，穿過藝文走廊，迎面就是圖書館，推門即似爲我洞開一個天地：空間寬敞明亮，設計賞心悅目，看得出處處用心：知性與感性、沉思與醞釀、休息與滋養、專注與夢想……一切在此平衡、在此融合；走在其中，馨香四溢。

現在，我坐在圖書館前的坐椅上，在此，可俯視整個校園，我看著操場上躍動的生命，翻著手中那本校刊——在這創校七十五週年的紀念刊裡，我曾以「這一切都是人心所締造的」爲題，寫過一篇文章；看看停停，

似不信十多年的歲月已逝，十多年來的「成子」早已奔向四方；但我回來，走過 301、302、304、307、313、314、318、319、320、322、323、324……所有待過的班級，默默回味，物換星移的感受雖然真切，但一幕一幕仍恍如昨日！

一間一間的教室走過，我想起我們「惟我少年，乃能自立」或「恢宏堅忍」的班訓。校園生活不是標語塡滿的，校園生活是一步一印的回憶，自覺自勵的過程是深刻又難忘的；試看我在文章中和你們互勉的句子：

「生命的根在那裡，生命的力就在那裡！」

「當涵養經霜彌茂的生命力，當期待才調不俗、有格局器識的英偉少年！」

「且仰望那壯我氣魄的蒼天、俯看那撼我心魂的篇章！我們淬煉於斯、涵泳於斯！」

「年少縱有輕狂，烙下的不是傷痕；是嘗試、追尋、探索的繽紛；年少的淚和汗水，滴滴都在記憶中閃耀。」

猶記得我們學校的八德樓、四維樓，在學校草創時期，是稱爲「翠樓」「風樓」；在那個九十多年前、滾滾黃沙、煙塵蔽天的時代，竟取如此詩情盎然的名字，主其事者是何等有心——教育之心，盡在溫柔。這溫柔之心，是學校屹立不搖的源頭；前人心意，潤澤至今。

六月天，我再度坐在314的教室裡，學弟們正用心準備七月的指考。南風發微笑，長空任鳥飛。生命的生生不息澎湃在我胸中！願大家長憶當年濟城歲月，由一點青澀開始——萌蘗、抽芽、枝繁、葉茂而至茁壯！

濟城、成子，在此小小的校園裡生根、築夢的你們，而今，正飛翔在那一個天空中呢？

永遠的感動

一日之聲氣相孚終生之肝膽相照

如何不想念？高三智、高三義.314.324.307.302.322.304.301……

紅塵滾滾，勿忘初心；此心在，終究不負平生。

大家不是「曾經擁有」，大家是「天長地久」。

因爲年少的豪情、夢想；乃至意氣、任性……刻存在

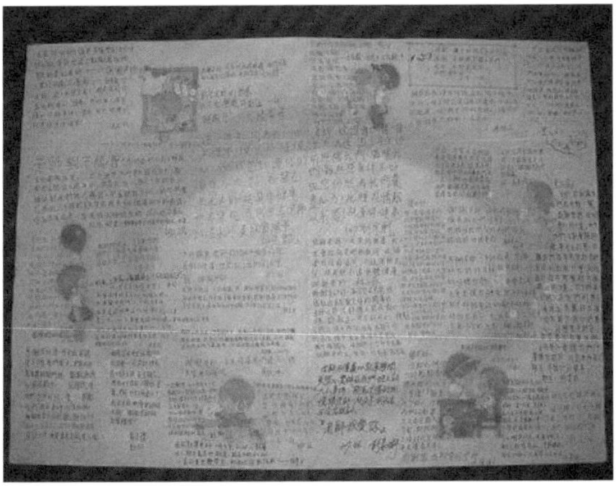

心之深處的點點滴滴，必長遠灌溉著生命。

勿羞赧當年的糗事、過失，一切都是珍貴的；我們正從一段一段的經歷中，激勵自己、鼓舞自己，開展著成長之路。

你們都好嗎？

近日回學校代課。第八節下課後，竟不自主的走向322，再走向304。教室裡有幾張陌生的面孔。

我停了一下……

322、304去年和我一起〈畢業〉的同學，你們都好嗎？

（今天覺得青海東路一點也不吵。對濟南路也更多感覺。）

相見不恨晚

謝303，313。

退休後，首次回學校代課，和你們相處了三週。

謝謝你們致贈的卡片。

一位同學寫了「相見恨晚」一句……。

我把卡片留存在此，把赤子心也留下來！

人間之真之善之美，永不爲晚！永不爲憾！

別後悠悠——給「高三義」

昨夜，我即輾轉多時，因爲今天要和妳們見面。

我搜盡腦海中沉寂多年的名字，浮上來的是妳們十六、七歲天真、稚氣的模樣……。

我無法推想命運何以阻隔了大家這麼久？往事已沉埋？不，只是收進記憶的寶盒。

往事並不如煙，歷歷若昨日。

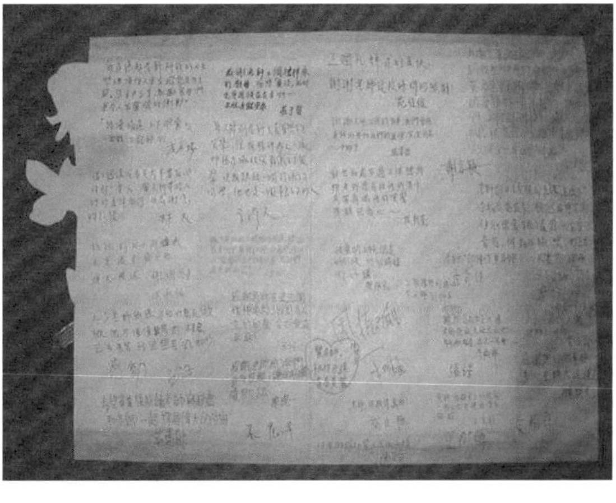

但我確實恍惚，坐看鏡中人，流年催逼竟是這般清晰！

歲月有心智的凝煉、精神的昂然都不敵的威力！

即使我能克服個人感傷，斯人不憔悴！情懷仍如昔！

我猶不克抑制物換星移的情怯、一步一思的赴妳們的約會。

今天，喜來登、辰園。我與睽違二十多年的妳們終於相聚，席間無酒，我仍醉了！

悠悠經年，多少個春夏秋冬？會發生多少事？會改變多少人？相迎的剎那，豈不恍然如夢？

這近萬的日子淘盡妳們的生澀，歲月餽贈妳們的是：眉間的自信、舉止的雍容……。

我是醉上加醉！

那些年那些年，夢想家兼理想家的我，其實是衝衝撞撞的帶領著妳們……。

惟可貴的是：赤子心對孩子氣，仍巧妙又自然的留下片片的瑩澈，閃閃在我昨夜的夢中。

我們，不染塵俗的，以共同的瀾漫，在那小小的校園，相伴了三年的歲月。

今日何日，我們，台北的午後，二十四年後的首次相聚，但覺別後悠悠、別後悠悠……。

我找不出適切的詞彙，我詞窮了！

九十七篇的感言

若人生可選擇，我們能在自己一生中留下什麼影呢？

三個多月前，決定寫部落格時，我尚在電腦門外，從不曾上課學習的我，可說只會打字；現在，也只多了上傳照片；之前，不懂攝影，現在，雖仍摸不著頭緒，但，已隨身帶著相機，信步所至，似也能捕捉什麼，且有處處可拍之感，好像一切地美與感動，是今天才發現的。

曾經羞赧自己獨行獨語的身影，現在，豁然一開，千姿百態就是生命原型，虔誠看一切，用心於生活，不就是更真實的留影？

就這樣，寫啊寫的，近四個月了。篇篇寫來，未及分類，沒有規劃，也沒有特定目標，就是隨想隨看隨筆；但，敲鍵的時刻是莊嚴的，不論任何素材，都讓我不自禁地連結到「生命」去，這是我多年工作和寫作的動力和焦點；在「生命」的角度上觀照，常感迷霧頓散、似有所悟。

同時，我亦感人生荒擲的歲月多，「凝注」的時間少，我企求一點補贖；雖然之前三十多年，可謂毫無保留的奉獻給孩子、學生；但退休之後，全然面對自己時，竟一時「踉蹌」——我清清楚楚看到日月交逝、體貌日衰；清清楚楚看到生命侷限、莫可奈何；清清楚楚看到個體之渺小與無力；曾經騰焰般的熱情，自視抑不住的悲心；爲他人缝嫁衣啊缝嫁衣……！我的生命呢？志意何時復類昔日？在「太匆匆」的光陰中，我有多少輕忽蹉跎！

我還能做什麼呢？

我不敢說已了然於天命之不可逆不可轉，惟成長與自覺，已可助我洞察這其中的關連；逐漸淡下曾有的執著，對人生無可自主的部份坦然接受，對能盡其在我的部份勉力以赴。

我或者能做什麼吧！

此時，走過人生哀樂的我，格外懷念相處過的學生，也敞開心懷，與外界建立連結，並期保持對生活的敏銳感受、對生命的無盡探索和留下我對人生的體驗。

就這樣，開始寫部落格，開闢一個園地；讓師生、讓老友、讓有緣人……，在此，與我隨喜互相借鏡、分享人生、共享生命；並寄望賦予喜怒哀樂、悲歡離合新的意義。

所以，我寫部落格：

退休，是關鍵

回首，見深邃

珍惜，乃福氣

奉獻，爲滿足

思考、直觀、素心……是永恆的青春！

於是，我寫下來了。到今天，九十七篇小品。

朋友常說我太浪漫感性，我卻自知無理性條理不能寫作，加上後者，才能織就完整篇章；僅以「感性」落筆，撐不起筆間低昂的情勢；我企盼娓娓寫來，有「晤言一室」的親切。

有友人但看我的沉哀，囑我勿多愁多情，我亦自知筆外另有自在與達觀。

總之，寫作是「得失寸心知」，寫作亦無止境；單純的付出與分享加上一點意志、一點實踐，就這樣持續下來了！

浪漫，是一種自由與創造的精神，我心往之，尚不能至；感性，我視之無價，它足可守護一個不爲詭譎世事反覆人情磨蝕的性靈……；願與有緣諸君切磋互勉。

三個多月了，退出職場，爬山濶我胸襟、歌唱怡我心神、寫作豁我心目、散步可與自然對話；我雖蟄居，自有豐美。

在客觀的體察和真切的自省中，我同意「人生沒有圓滿的宇宙」，願誠實以對自己的人生；如實看自己擁有什麼、不足什麼；特質如何、侷限何在？徹底拋卻矯情虛飾，直面眼前必然或不可逆料的「痛癢」——這些活生生、淋淋漓漓在眼前的事實，是老天給的不容討價或賴掉的作業。

完成多少、成績如何〈沒有標準喔〉、如何面對？就是我們的人生了。

一管之見

止

今天看新聞，想到一個「止」字，但覺趨福避禍，它是關鍵。

先哲言「知止不殆」，此中有大學問、大力量；退一步，海闊天空，這一步之移，幾乎是「旋乾轉坤」。

常聞「適可而止」；「可」的拿捏，需要理性觀照；止，則是紮實功夫；我們在理上懂得，行上多有障礙；一念猶疑、徘徊……，前功盡廢，徒呼負負！

球賽中何以需要暫停？人生何以需要「適時的剎車」？前人亦多「不能則止」的垂訓；「止」之內涵，概括生命全貌。

簡切來說，止，即「留一餘地，予人予己」「留一餘味，予己予人」；如是，止，非放棄、非遺憾，它是主體決定、主體擔當！知止、能止，近則省卻多少煩惱，遠則開拓無限新機；止之一念，力如勒馬。

「止」亦另有意境，「杳如黃鶴」也是止境，伊人已去，「黃鶴樓」之空就千古定格了。

一段沒有結果的戀情，或亦爲「善果」，避開了現實摧殘，「根」留心底，心在根在；止，成了永遠。

樂章「戛然而止」，令人一驚；真實人生裡，也多見此景。乍然一停，六神無主；惟悵惘不已之際，也蘊蓄清醒之力——容它如流水！「止」令一下，掃漫天迷霧，此心不沾不滯，塵盡光生，依然是自家本來面貌。

知止、能止，並非搞木死灰，生命依舊赤心熱腸，惟進退得失之間，何執何取？「止」不易，判斷不易、割捨不易……，但它必須。

快樂

常聽人說：要快樂哦！

快樂是可以殷殷叮嚀、切切追尋的嗎？

快樂是嘴角不自禁地漾開、眼波不自禁地流轉、是一種不必言說的甜蜜。

快樂不必嘶喊：你快樂嗎？你要快樂！

快樂不必宣告：我快樂嗎？我很快樂！

快樂就是自然、自發、自足；原始又純淨的生命能力，擁有快樂的能力，時時宇宙在懷。

若洞察了世事的虛幻、人情的艱難、自身的侷限，仍能寬柔以待、曠達以對，這快樂多麼真實！有外境無從劫奪的本然！

快樂真是老天的恩賜，不論晴雨，心之所至，你都可以在長天大地中放懷，展顏如野地裡兀自盛開的花。

但快樂也有其幽微——快樂未必不流淚，流淚未必不快樂；破涕而笑足以動人、潸然淚下或有感動；你是否同意執筆之際，淚點、墨點輝映，也未嘗不快樂？

對我而言，快樂就是躺在碼頭長椅上看夜空、快樂就是哼著歌漫步山陰道上、快樂就是發現一本充滿寶藏的書、發現一個豐富又簡單的人、聽到一首讓我呆住的樂曲、以及看Baby照片（世間所有孩童）——這最是收不住盈盈笑意！

遊戲

全力以赴、卓然有成的導演李安，曾在疲憊與迷惘時，求教父親，如果繼續拍片：「入山唯恐不深」；父親在病床上，以筆回李安：「入山何必太深」！

父子像打謎語、像參禪。惟會心之際，也爲父子喝采！

李安或恐不能堅持理想而向現實妥協；父親則相慰：人生遊戲一場——專注玩過，何必太多自縛！

我之解讀未必爲原意，但這是我的體會。

只看過李安導演的「斷背山」和「色戒」。記憶中的「斷背山」，不在他劇情如何，而是我感受李安想揭開的、想讓我們正視的是——人的孤寂的內心世界；人，內心中有一些渴望、一些糾結，無以擺脫。

追求與捨棄之間，無異於生與死的抉擇；有時候，放棄愛，如同放棄自己；愛，是生命猶有活力的象徵；捨愛，似向人生全面投降；投降後的自己，形同孤魂；因此，愛是救贖，爲奄奄的靈魂注一點生氣，讓生命可以躍動起來。

人生不免如此景象：現實磨人無可奈何、身陷情境不克自拔；此時，層層網羅般的傖俗、瑣碎、刻板、偏執……攫住我們，多麼令人無助！如何才能回到那個充滿童心，沒有盔甲、面具的年代？如何才能遇到一個一般天真，可以一起認真遊戲的人？

世俗中常驚見扭曲的心靈，以其扭曲的心態，如何能理解、接納、同情——那些猶天真、不懂機心、不知厲害的孤獨靈魂！

李安的「色戒」，至今猶令我淒然。

女人探索愛，首「戒」何在？不是六克拉鑽戒的誘惑，而是「內在渴望」的誘惑，勿忽視女人難拒被需要、被嬌寵之本質；刹那之恍惚、心動……，說得是女人動了心即無可逃！豈有理性的絲絲空間？

那數秒鐘，是愛的極至，也是愛的毀滅。昇華與沉淪、美麗與幻滅、溫柔與殘酷，都只在一瞬間！

怎麼這般詭譎與絕望？在陰暗中長出的這一朵花沒有開放的機會！飄搖亂世、人心渾沌，沒有愛情存在的空間；是形勢之所爲或人無力自主？勇敢與怯弱都逃不出「命運」

的大手！

豈止女主角，世間男女幾多不爲「色」所劫？此色非彼色，色乃內心深度之渴求！它是一個醒不了的夢，生命會爲之付出什麼代價呢？

是的，每個人心中都有一座斷背山，「我希望我能知道如何戒除你」；每個人或都難免一場「色戒」！

李安片中的掙扎有生死相隨的壯烈！結局的徒勞、空幻或慘烈，令人愴然！不，令人默然、只能默然！

我之解讀只是個人感受、個人體會罷了。

但有一點絕對可以確定：李安是個「人物」。

難忘當年螢幕中專訪李安的節目，記者介紹李安「削鉛筆削斷了都會哭」，保持這種心性，我認爲才是他「劇力萬鈞」作品的根源。

打天下，未必靠機謀、靠強勢；李安以其對人性的體察、人生的反芻，建立了他作品的獨有魅力。

還有，他沉得住氣，不慌不忙、不疾不徐的走自己的步伐，在「落寞時間的凝聚」

後，他勇敢、誠實的以作品對我們展示——他也對人生充滿疑惑；即使他似乎也洞見了什麼！

若是遊戲一場，能專注其中，很夠了，是嗎？

餘地

人際之間，有一堵最高的牆，那是偏執，它阻礙了和風和陽光。

有一位小說家說：「我們可以將人分成扁平和圓形的兩種，扁平意味著《他就是這樣的一個人、他就是這樣過了一生》」我們不能期待他多一點熱血，多一些熱淚……。「他就是這樣一個人」或「我就是這樣一個人」然後，年復一年，重複著一樣的觀念、一樣的習慣、一樣的口吻……這豈不令人戰慄？

我們不是一直嚮往成長、改變、茁壯、自由嗎？我們不是一直期待前進、拓展、開闊、馳騁嗎？

可爲什麼我們無法察覺自己停滯在原地呢？什麼時候我們喪失了素心、童心？什麼時候我們遺忘了敦厚、自制？

因此，社會上充斥著各式暴力，人會以爲強勢是一切！會一意攻擊！但在強硬的態度中，赫然見對立雙方皆隱含一股屈抑的氣息——好不安的人心！好脆弱的人心！誰是勝利者？誰能快樂安心的活？

生命的痛苦，不在客觀有多少障礙，生命不得自如，壓抑又怨怒，乃在被自我思維牢牢限制！

即使各走各的路，窄路照面時，是否各退一步餘地？讓和風和陽光進來。寬厚足以養福，偏執令人窒息。

「歧異」是該被彼此容許的，「互殘」則彼此毀滅；想掌控什麼，其實表露了自己已是「受傷的動物」。

留一點餘地，植一株不忍心、悲憫情的嘉禾吧。〈只有生老病死才是生命的公道與真相〉

堅強？

螢幕上正報導著林慧萍的婚姻事件。

我不知道這個事件的價值竟這麼大，連續幾天，尚未退燒；現在，電視裡反覆播放著她的歌聲：

「一曲琵琶，恨正長……」

「縱然我還有千言萬語，就怕是沒開口而淚先流」

「你彈錯了我生命的和弦，一切都由此改變」

「早知道愛會這樣傷人，情會這樣難枕……」

好的歌曲很寫實，數行字包羅人生萬象；會唱的人，一開腔便將生命百態收攝嘴邊，七情六慾從中流瀉；聽歌的人，也投射自己的人生……；唱著唱著，聽著聽著，似乎「人生就是這樣了」也「都是這樣了」！

歌曲、歌手引領風騷，就在直擊人心。

她的崛起必有她的特質、努力、機運、背景，我無所知，不加置喙。僅以剛才訪問中，其好友囑她「堅強」一句，略抒幾言。

何謂堅強？它有標準、樣式嗎？如何詮釋、呈現它？

人，基本上，是脆弱不堪的。經歷，逼使我們正視人生真相，清楚明白後的我們，才不致陷溺，進而「脫身」——能重開視野看自己心靈的遨翔！

堅強不是「若無其事」，堅強不是「金剛不壞」，堅強不是「不哭、不倒、不示弱、不認輸……」的代詞。

堅強是體察內外境的變遷而直承自己有誤；堅強是知其無奈而安之若命；堅強是更謙卑並珍惜自己的擁有；堅強是徹悟成長乃無上價值；堅強是長夜哭過、繼之承擔、復切知一己之痛，即眾生之痛！

挫折，是洗禮；淚水滾落，非爲自己悲憐，乃哀憫生命幸福之不易！當曙光再現，何羞紅腫的雙眼？給鏡中憔悴的人兒一笑：

此生豈有長恨？

此生新新不已。

一言以蔽之，堅強未必不流淚、流淚未必不堅強——且領受人生教訓！不悔不怨、無得無失、釋盡心中一切……。

紅塵一瞥

今日得空看了一會電視，但覺所謂〈紅塵〉，即是眼前畫面。〈紅〉乃多采多姿瞬息萬變之喻。
昨日之是非，或爲明日之笑談；今日之恩怨，或爲明日之長嘆。
真有大是大非嗎？跳脫不出己見，沒有一個高度，坎井中廝纏，何時歇？
我輩亦爲此中人，臨去復回、紅塵浮沉、虛擲歲月、陪笑陪哭……何時了？
（聖嚴法師的〈空裡有哭笑〉是一種悲懷、一種承當，非吾人可及之境界。）

生死與共？

某一新聞中，當事人有〈生死與共〉之語，且抒數筆，可當別思。
〈生死與共〉是何等佳句佳境！箇中有情義如山、有深情似水、亦有俠有諾有肝膽！怪乎電視節目中人人皆讚其〈偉大〉！
傳統思維有其根源之力，守護感情也堂皇無可質疑！
不必問，夫妻簽字的那一刻，呈現的正是最美最壯最輝煌的——
〈生死與共〉。婚姻之神聖，也在流露最醇美的人性，包括對幸福的嚮往和肯定。
惟歲月流逝，世事變遷……，但看自家身心是否亦不復本色本心！
守著婚約守著伊，固是一己之賢德，但問：生死是自家的事，如何〈與共〉？
自家可自期相許，卻如何強之於人共生共死？
獨立自由高於任何情境與狀況，完完全全承擔生命的功課，無減一絲尊嚴、無關對方之對錯、也無悖於深情厚義之初心！
人生之難，非學歷，身份等可解決，揮淚過後，勇敢去吧！
通過〈獨行〉這一關……，必淬煉造就無比的美，誰也奪不去的美！
那是自己成就的，那種美，完全不涉輸贏、成敗、得失……。

不得不思

生命何時變了樣？自我是否警覺？

今日報上一樁新聞，大略是說，一位昔日在政壇亮眼的立委，卸任之後，一切判若兩人。

箇中詳情，無法確知，但有幾點值得思考：

1.主角夫婦當年都是千中選一、萬中選一的佼佼者。

2.我們的社會一直崇拜學歷、身份、成就或外貌，擁有這些條件，是菁英是寵兒，備受禮遇，視爲當然。

3.主角夫婦在光環加持之下，曾意氣風發；似乎高人一等，亦屬當然。

4.主角自承「沒有合適工作」「自己專長有限」，令人啞然。夫學醫、婦學法，都是專才專業，如何成謀職的障礙？

5.吾人訝然不在其目前之營生，資源回收、環保工作有其可敬；只不知二人如何思一路所受之栽培？

6.人之一生，平步青雲，固然可羨；惟盛衰有時、進退有時；天之嬌兒，亦當自求多福。

7.變換之際，正是重整人生的契機；俯首內觀是關鍵，涵養修為見真章。

8.起落無常中，內在力量方能維持自己的亮度。

9.使生命逐漸黯淡的不盡是外境的消磨，可惕的是僵滯的思維和耽溺的心態。

10.古人云：「趙孟之所貴，趙孟能賤之。」，外援不可恃，人情多反覆；自家人生，一步一印，披荊斬棘，才是典範。

11.「落魄」云云，非下台之必然，人生場上換跑道，更是激發潛能、展現力量的關頭。

12.允許人生歸零，方能重建自我；此乃生命真價值之開端。

13.「際遇落差」，固然有不可思議的運命，但生命體宜俯首看自己，或驀然有悟，塊壘盡消……。

14.人之學習無止境、人之成長無止境、人之變遷亦無止境。

15.但得真學問，必有豪氣在；留得豪氣在，處處可「翻案」。

16.保持一點靈光，護持一點真性，必能掙脫桎梏。

17.重振生命熱情，重燃靈魂亮度；明朝奮起，何等生命新局新氣象！

揮筆十七點，無一絲批評相責之意，腦中盤旋的是生命的艱難、尤其是自我覺醒的艱難，此亦一證矣！

時事．十思

看著剛發佈的內閣人事，以及相關報導，我有所思：

一、古人說「選人以德」或「選人以才」，此「無求備於一人」；但，對的人，擺對位置，才有發揮餘裕。「錯置」必狼狽窘迫或束手太息。

二、當以什麼來取決人之價值？但看其美善的心、美善的志。這是從政者以其一人之力造眾人之福的源頭。

三、從政要有從政的能力和機遇，一切的基礎在人文素養——有對天地萬物的體貼心腸、對人情事理的通達理解……。

四、任事、成事，不靠滿腹理論；主力仍在生命躬身體驗與實踐。

五、人，能否清楚地自覺：此生，最想成就什麼？是否即爲完成這個「自我生命的成就」而讀書、做事、從政？

六、一個人，唯有對另一個人的喜悅、痛苦……有切膚之感，他的思慮云爲才是人性的，才有光輝。切知生靈之哀樂，方爲真切的「民主」。

七、擔當重任之前，宜先面對自己、再面對他人、再面對一切挑戰。細觀近身的一切，就是萬事萬物的實相。

八、經典之言，萬古猶新。從政者何不重溫古書？「如得其情，則哀矜而勿喜」「不能者止」……豈不四海皆準、百世不墜？從政忌尖酸、譁眾只一時。願留一點時間於書房，靜心與聖賢交心、聽心靈深處的呼喚。

九、世事或如一夢，唯一真實的是自己的初衷，以及一路歷程增長的慧命。它們，植根於對生命的愛，不因成敗得失而消失的愛；如是，即使不可爲、即使失落——也「無傷」。

十、人生任何舞台，上場盡致演出，下台靜默離開。無語的背影更令人依依……。看人間際遇，對我們有什麼啓悟？

無所為而為

今天，友人在 Mail 中問我：「爲何辛苦寫作？爲何寫得這麼真實？」

我索性在此回覆：

坦白說，下筆時是沒有這些顧慮的；寫作，就是獨對自己。若得同心相照，那是意外的禮物。

如同我今日寫部落格，執筆時，亦一心與我之親我之友、我的孩子我的學生，分享生命的一切；在無私的分享中，若能爲生命添一絲絲暖意，那也是另一種驚喜。

不同時期，不同心境，寫作的內容自有不同；以往，我提筆，一意在鼓舞年輕的孩子，也同時策勵自己；現在，我執筆，願了解如實人生，並看自己的體驗，抒自己的心得；我相信「探究自己足以取代一切書籍」。

就是這樣認真的檢視自己吧！我也相信它是安頓生命的力量源頭。

譬如說，當我詢問自己：妳爲什麼這麼脆弱呢？我層層深入內心，清楚的發現，那不是脆弱，那是一貫赤熱的心腸。

我喜歡溫柔又慈悲的心靈；我認爲：當以「柔軟」面對人生的艱難，而非剛強。我以此心寫作。

除此而外，我無所爲而爲。此心清純。若有一念，或可謂求「不負此生」；切切於一點用心，免此生於蹉跎之痛。

我亦藉此謝謝所有來訪、和我一起面對人生、探索生命的朋友，我們不求無始無際的答案，我們或也解不開生命所謂本質、意義的最終面貌；但在我們殷殷尋索的過程中，必能不斷獲得見證與體悟。

一點思考、一點真誠、一點感悟，不是豐富了每一個當下嗎？

課後餘韻

笑

今天，痛快的笑了一場！雖然，一早物品掉落，砸壞了樓梯地板、出門忘了帶「卡」、開學校的後門又壓到手……；背了半天的學生名字，一進教室就張冠李戴了。我把諸事不順，歸咎於感冒未好！反正，這一週，都是昏沉比清醒多。

以往會令我小沮喪、小懊惱的事，現在，都只是呆個幾秒鐘，我立刻從浴室止滑條上取

出一節，剪成幾朵小花，補在凹陷的地板上——輕拍一下那受傷的地板，瞧！這就是「缺陷美」。至於弄錯名字，代課嘛，自然記不住囉！

可今天在教室裡的一笑，真是痛快極了！看校園裡在冷風中猶蒼翠欲滴的樹，我的心立刻一片晴朗——夾到手的疼痛立即忘了！

這一堂課，真是不該「造次」，我們上的是「大同與小康」。我當然先斂容正顏、如儀講述「三禮」的淵源、孔子的政治理想、以禮立身、治國……等等；自然也請他們想像「春秋無義戰」「上下交征利」是何情景？想像孔子「喟然而嘆」滿腹心事的踱步畫面、以及這樣的人類生存生活的境界何以高懸至今？

好啦！這不是我今天想寫的重點，我只想留這一節課的笑聲在此。

我真的忘了是怎麼引發的？是我惹出來的，還是被同學感染，大家忽然就笑成一團；其實我的笑，有時是因爲教室裡一會溫文一會粗魯的氣息、生動的表情、偷吃偷睡的模樣；也有時只是欣賞、鼓舞或對年輕生命的憐惜……。上課時林林總總的情景，有趣得很呢。

笑聲驚醒了打瞌睡的同學，瞇著眼也跟著傻笑，笑聲會發散，此起彼落的環繞，讓同學們忘記了分數的困擾……，一張張綻開的容顏真可愛。

教室就這樣充滿了暢快怡人的笑聲，只差不能手舞足蹈，氣氛隨之一變，大家都放鬆了下來，好像生活一下子簡單多了！什麼同儕競爭、人際煩惱……瞬間不存在。人活著，所要所望——無非就是在一起時，能你笑我笑大家笑！

唉！我真「失職」！「大同與小康」這等莊嚴的政治境界，我怎麼上得「嘻嘻哈哈」——在呵呵的笑聲中，我還強調：

看其中理想之動人啊：

看其中人情之雋永啊！

看義理之悅我心啊！

聖賢家法只是一顆心啊！

那無私的、和諧的、美麗的、相容乃至相融的世界啊！

我「啊」了半天，內心其實清楚掛著：有呼有吸、有淚有笑的人生！磅礴宇宙、繽紛萬象乃至心智火花……！就是共有、共享、共安、共樂！

心

在難得的冬陽中，上「爸爸的看護者」一文，心中、眼中，彷彿都流淌著微微的暖流。

我是刻意地用兩堂課，和同學們一起咀嚼這篇選自「愛的教育」的一文。平素，限於教學時間，部份白話文或由同學們課餘自行研讀，但今天，我們一字一句在課堂上讀完它，只在「細節」處「關鍵」處，停下來品味、思考。

這是回成功代課以來，首次不滔滔講解，切望同學和我靜心涵泳、切己體察——相應行文中那顆美好的心。

自然，要先簡介譯者夏丏尊先生，我希望勾勒他堅持「情與愛」的教育觀，試想：「教育沒有了情愛，就成了無水的池」，會是什麼情境？再稱他是一個「飽飽滿滿」的人，試思：生命沒有了源頭，會是如何的空虛？

我尤強調夏先生一生志事，奠基於「生命的觀照」，復以此建立信念、躬身實踐；並舉他受弘一法師「世間無一不好」的心懷啓示，同時擁有一群志趣相契的朋友，相互切磋、相互輔成，一起投入教育和創作——致力於情愛的陶冶、性靈的養成，陶鑄生命、厚植生力，處處見用心與遠見。

正文主角，是一個深具孝心的小孩西西洛，於是，我們試著爲孝賦新義。除了論語上所說的「無違」「能養」「色難」「保身」……之外，我先以一句來注解——孝，就是一顆純良的心。在天性的孺慕中、在所體驗的父母之愛中，去學習愛、付出愛。

愛的教育，就是以愛爲基礎，以愛爲善果的循環。本文原著以「心」爲題，相信也是告訴我們：人類的希望、幸福、生活裡的一切，都是愛心的連結，也都是「人心」所締造！

西西洛奉母命前往醫院，探視在異國工作，因病回國治療的父親，卻在病房因誤認而開展這個故事。

這本書，乃至這一節，即使被籠罩在焦慮、不安、恐懼、病痛、死亡的陰影中，仍掩蓋不住作者筆下人性的光芒。

這個鄉下工人家庭裡的孩子，滿腔滿眼流溢著愛，貧瘠沒有帶來心靈的匱乏，相依相愛使他們富足；純良的心性使這本書、這篇文章散發著熨貼人心的溫煦。

我提醒同學：讀時．請從文中對話去聆聽、從文中伏筆去體會、從自身的經驗中映照……。

文章結尾，西西洛在發現認錯人後，仍決定留在醫院繼續悉心照顧「陌生人」，他重複的說：「你看，他在那樣地看我呢！」「我不能棄了他走！」……。

小小年紀的他，已意會病人在這幾天內對他產生的依賴；或也感覺被需要而勇敢承擔。

最後，病人在他的看護中離去；他以眼神、以緊握一下西西洛的手表示感謝。西西洛哀傷且情不自禁地叫了一聲「爸爸」……。

這真是一個了不起的作家，以這樣的素材，將人類至高的情操——藉孩子的行爲，盡致展現。

人類只需單純相依相助，我們古老經典中的「不獨親其親，不獨子其子」，無非也就是要標出這一顆心。

下課前，我補充：西西洛的表現即天性的「不忍之心」。孟子當年呼籲執政者，以不忍之心行不忍之政；教育何嘗不然？教育也是以不忍之心行不忍之教；人人胸臆間一點不忍，是生命光熱的源頭。

此心不應只在小說中、此心應在現實中、此心應在你我心中。

我們一起思考「完整的教育來自心靈，美好的世界正在成形」。如果，可以不要盡看人類史上的黑暗——無休的鬥爭、對立……，能從認識自家靈府中的同情心、同理心開始，我們能創造出什麼世界？

快然自足

昨晚，坐在電腦前，心中迴盪著「蘭亭集序」的旋律；或神往它與自然比不羈，或神傷於人生的憂患和生死的茫昧……。

我其實只寫出了「感慨係之」的小小一部份；王羲之以簡馭繁，用三百二十四字，涵蓋了人生全景。

今早，決定去晨跑，清晨五點半，從竹圍堤邊跑到紅樹林，迎著微風，伸展雙臂，感受與自然合一的暢快！

在堤邊休息時，我仍不自禁地吟著「仰觀宇宙之大，俯察品類之盛……。」也不禁想：從無可逃脫的「命限」和無可免之的「遺憾」中昇華，是靠各人體悟和實踐的。王羲之以藝術安慰了自己，也以藝術承擔了整個人生。

讀著渾如天曲般的文句，想著「飄若浮雲，矯若游龍」之姿；不由自問：是心靈的豐美、智慧的成熟、人格的淬煉、性情的本然…助人不斷翻越、騰升嗎？人，如何安然活在局內亦能跳出局外？

真高興今晨的慢跑，釋放於自然、釋放於藝術、釋放於性靈！我痛快的感受生命的淋漓，感覺全身的活力復甦——啊，快然自足、快然自足！

千古同懷

這一週，繼續在學校代課，大部份的時間，我都在「蘭亭集序」的氛圍中……。

時序雖已深秋，但氣候「天朗氣清」。我在高樓看山，「游目騁懷」，也起伏著「不得不想」「不得不寫」的情思。

只是，課堂上，我迎著數十雙眼神，總不時在滔滔中倏然而止——這文中的心境、意境、悲喜並存的現實、哀樂相生的情懷；如何讓這些十七歲的少年理解？

「蘭亭集序」乃千古至文，有至情至性乃有斯文。短短三百餘字，將滿懷積愫抑揚於筆間，讀來如聞清音頓挫其中，千載餘韻不歇……。

我如何將此「餘韻」藉我口我手，讓同學們感之應之？如何讓同學們的注意力從電玩、漫畫分給另一個時空、感受古典文學的雍雅蘊藉、以及他們尚不曾體驗的人生實境。

客觀現象的變遷，尚易解說；主觀心理的轉折，則不易講述；必待心靈的凝聚，或稍能領悟文中重複的「興感」「興懷」之由——遍佈著動亂的無奈、飄蓬的悲涼、生命的極限；復充滿現實的勇氣、理想的企慕、人情的雋永……。

首段徜徉自然，流觴曲水，但聞笑聲盈耳！次段亦俯仰自得，快然自足；惟旦暮間，一切皆「易」——易位、易勢之挫手不及，幻滅、結束之相逼而至！

是逃避、是承擔、還是都不由選擇？這樣的人生艱難，又如何讓未知世事的少年郎體會？

我不止一遍地問同學：是否聽到了歡聲裡的唏噓不斷？蘭亭集序，可說是笑中有淚、淚中含笑了。

在王羲之的連番「興感」中，提出了確切的答案嗎？試問：「死生亦大矣！」除了「豈不痛哉」之外，尚能如何？「脩短隨化」，生命體乃全然被動，這豈非揮不去的陰影？

藝術心靈的磅礡與深邃，終能脫出陰霾，造就永恆的生命光輝。王羲之真切淋漓的活出了自己，他超越了有限，他創造了無限。

他告訴我們「所之既倦，情隨事遷」的事實，告訴我們：人生在世，無可仗恃；但仍優雅自制地「列敘時人，錄其所述」。他克服了、他完成了——他為自己提煉了一個「精粹」的人生。

果真是「若合一契」，果真是「後之覽者，亦將有感於斯文」。我講授此課，同樣「哀樂相生」、百感交集……。

在結束此課時，我特別補充一點：

要盱衡過人生，才能識「簡單中的至足」。試思：「快然自足」，不過是「一觴一詠」，多純然、多平實！圓滿就是良辰美景，親友在側；圓滿就是一室傾談，心曲相契；圓滿就是放浪形骸，相看不厭；圓滿就是有閒時閒情、有逸懷逸趣！容它「倏短隨化」，今朝有歌有舞、有詩有畫，就盡性盡情吧！

今天的「論語課」

回學校代課，今天，要上「論語」。

高二的孩子連聲嚷著：下週三的論語期中考進度，之前的老師都上完了。我一看課本，考試範圍有「孔子的爲人」「孔門弟子」「論學」「論仁」「論孝」……。

論語是成功高中高二學生的選修課程。

既然進度都到了，也讀了這麼多，我就索性和大家來一個「分享時間」——請告訴我，大家讀出什麼、悟出了

什麼嗎？能不能說說那一章印象最深刻？爲什麼？或者就談「從這個課程學到什麼」？

我當然先開場。說出曾被「不容何病」四個字深深打動！然後，我請同學們輪流說——目前所讀的論語中最有感覺的一句話。

大家開始紛紛翻書，我說：找啊！找寶藏、找契合、找感覺、找認知、找——論語中的生命！找那以生命凝結的「生命」！找最能相應相求的內容！是仁、是孝、還是學？是孔子的生平、人格、還是影響？

同學們習慣於在紙上做選擇題，做塡充題，寫注音、注解……，一時竟不知如何回答我所問？

我再問：考試範圍內有「論學」，大家可以背下很多章，但，什麼是學習？學習的意義在那裡？

可以和學習談一個終身不棄不離的戀愛嗎？

這是個最棒的、最沒有遺憾的、最燦爛的、激發你全部生命力的戀愛——你在它的滋養中成長、茁壯，同樣也可以成爲一個「瞻之在前」「忽焉在後」、無法定評、開挖不盡的精彩生命。

大家能否體認：論語，也一樣是點點滴滴潤澤我們、啓沃我們、培育我們呢？我鼓勵大家說：你有想過要成爲一個什麼樣的人嗎？想過在此生完成什麼嗎？你讀的這些書、這些篇章，是否能內化爲自我生命的一部份呢？又如何藉此開鑿自我生命的泉源？如何藉此以尋找生命更多的美善、悅樂、乃至力量？

難道這一切，不是靠大家在每天每天的學習中累積的嗎？

大家聽得很認真，我忍不住笑了起來，揮揮手，好啦！我們可以不用這麼嚴肅，可務必要有「體觸」！至少，眼前的論語，你要好好感受一下其中的「推心置腹」！

論語不是說教，它是情感到情操、人性到生命的教育；它也不高遠、不迂濶；它很日常、很根本——有所會、有所悟之際，只是回頭看自己、問自己：人，做得如何？生命，過得如何？平生思慮云爲，只是「安不安」、「忍不忍」？

切己體察，必然勇氣陡生，雖柔必強……。學習的過程，簡直是生命不斷地更新、再造！

其實，我光是想到「老者安之，少者懷之」那兩句，就動心了——從此，我再也無法脫離那深切的眷眷、眷眷於如是之生命典型。

曲藝人生

情歌

今天在歌唱班，大家唱得是「癡心絕對」，在同學們喃喃傾訴的歌聲中，我隨筆寫下了這幾句：

在情愛中，若「憔悴」是一個避不了的過程，我們能否不自限於「默數自己的淚」「獨自守著傷悲」的境地？

現在，真的是感到：生命中的一笑一淚，是一種經歷，助我們理解、助我們洞察；它們，是生命的收穫。

歌詞中彷彿喊著：「爲妳落第一滴淚、爲妳做任何改變，也喚不回…」「看見妳和他在我面前，證明我的愛只是愚昧」……。「愚昧」不是傷痕；即令動心之後，竟是不堪的記憶，也有它痛定思痛的覺醒，並見證自己曾那般投入的愛過——你勇敢的揭開了生命的奧祕。

熱淚亦爲本質，在情愛中毫無造作、毫不矯情的你，以不自禁的淚水相傾，是對愛作了最高的表示。

人生有淚過的美，在結結實實的幾跤之後，你通過了成長的「儀式」，你奮力站起來的身影，足以令人屏息！

情歌中，正在歷數人生……。

誘．惑

我又是中途看這部電影，因此，只寫一點此時此刻的感受。

坐下來一小時，我看到所謂「誘」，誘餌竟是自己——行爲的驅力非外力所致，乃是那顆無法管束的心！是自己的偏見、固執以及強烈控制的欲望，形成無法擺脫的誘因；我看到所謂「惑」，也出於自己的蒙蔽，以及因此蔓生的一切，步步逼陷自己於無解無逃之深井！

果真，難以克服的是自心，消耗生力的，是自我的糾纏；這些與個人的學識地位無關，個人過關斬將，位居要職，是一時風光；能在人生歷程中，時時充滿人性芬芳，才是閃亮的生命。

眼前「誘惑」中的梅莉史翠普，已活脫化身爲那位嚴峻、威權、多疑的校長——她直言：「我的責任，就是比狐狸更聰明」；她以一雙利眼搜尋著一切、也以此掌控一切。

更傳神的是，她以偏見判斷人、處理事的不留餘地，以及猜疑定罪、咄咄逼人的冷酷決絕。她的森嚴、咆哮、心機……，在片中，是一股隨之罩來的力量，迫使人顫慄、屈服；但影片也不時以肅殺秋景與一片冷寂，襯托她獨自的身影……。

她的世界，充滿「誘惑」——來自她對自我、對生命的極大扭曲，她力圖主宰一切；卻對付不了心中不時蠢蠢而動的「茫然」！

生命無法自我省察或如實接受人生，憤激偏差的心靈，如走鋼索，掉入邪惡的一端，那股毀滅的力量真令人心寒。

影片中期以開放的心靈予生命溫暖的神父，被逼離開；他語意深長的在臨行前提醒人：「八卦就像被刺破的枕頭內的羽毛，漫天飛舞，是撿不回來的！」如言人因自己的輕率和無知所造成的遺憾是難以挽救的！「講道」的這一幕，神父和修女激列爭辯的那一幕，都令人不遑喘息！

人，可以被「自己」誘惑得那麼深、那麼強！女主角的演技如至化境，眼神、表情、動作、語言……，讓人看到一個極端的強者，竟並存著一個極端的弱者！

片尾出現的是，這位不可一世的校長，忽然不克自持地、需要「天真」修女的撫慰，在用盡力氣鬥爭之後，她竟低聲嗚咽：「我的心中有好多、好多疑惑……」。

未從頭看，直覺本片很深刻。誘惑不盡出外境，我們為自己所愚弄所誘惑，方是最大陷落。不識心魔，伊於胡底？

玫瑰人生

今午，聽多人唱「玫瑰人生」，我坐在下面，也為詞曲動容。即席隨筆數則，無章無法、非詩非文，「戲

言」而已……。

歌詞：〈慎芝詞、張弘毅曲、許景淳唱〉

該你多少在前世
如何還得清
這許多衷曲
這許多愁緒
爲了償還你
化作紅豔的玫瑰
多刺且多情
開在荊棘裡

你又是該我什麼
在某一段前世裡
一份牽記

一份憐惜
所以今世裡
不停地尋尋覓覓
於是萍水相逢
於是離散又重聚

我心盼望
讓濃情一段
隨時光流遠
再回到開始

我心盼望
讓前世情緣
延至地老天荒

到無數的來世

莫忘記
就算在冷暗的谷底
只要你
將該我的還給我
我也以
最熾熱的還給你
此情不渝

「玫瑰人生」隨筆：

之一

是否有前世因？
是否有來生緣？

開在荊棘裡的玫瑰
累累是宿命的傷痕。

飄零的花瓣
碎落的心房

落紅成泥綴心爲詩
徒勞如風中的嘆息

斯世的情緣
豈求他生的安慰？

玫瑰人生人生玫瑰

是因是果。

且拾起片片殘瓣
餘香留存心目

憐她孤芳如是
卻是何濟何贖？

之二

尋尋覓覓是今世的盟
地老天荒是夢中的夢

蒲葦柔韌磐石無移
惟何堪世事之消磨！

褪色的情絲
難織一襲華豔

舊夢難續
獨向黃昏。

之三

盛放有時
相憐有時
凋落亦有時

不容留不容別
不得進不得退

冷暗的谷底是
唯一的歸宿。

之四

生命若需情滋潤
怎禁得縹緲如許
人生若需愛相陪
怎禁得飄泊如是？

能否將該我的給我
能否以最熾熱的相還？

追索相纏如落深井

不給不還
或能乘風歸去

今生相尋今生了
何待來生之輪迴

之五

若有來世，不期再濃情一段
若有來生，不願再離散重聚

相遇是一生
相憐爲圓滿
投入無反顧

愛過自無悔
絢麗的剎那是
終生的輝煌
活著的印記。

之六

如泣的音律
迴旋千遍的允諾
是希望是絕望
是掙扎是放棄？
玫瑰無根蒂

聚散俱枉然

那款款、深深、眷眷的凝視
須以一生的呼吸、淚水相償？

血肉之身
背得動這生生世世的枷鎖？

如訴的音律
千古輾轉的誓言。

之七

青春如夢
眷戀如夢

玫瑰麗如幻影
人生覺來無尋

目眩神搖的一撞
竟成日夕不已的倉皇！

誰奪得回命運之線
繫上飛不去的地久與天長

此情
是今生的願
不渝
乃醒不了的夢。

秋之旋律

前人說，秋天令人心靈格外敏銳，宜讀諸子；我則心緒百轉，索性書卷盡收，放懷放聲，與秋呼應。

一、秋水長天

「依舊是秋潮向晚天
依舊是蘆花長堤遠
多少雲山夢斷
幾番少年情淚
盡付與海上無際風煙
早化作遠方漁火萬點」《淒迷》

二、秋的懷念

「秋，靜靜的徘徊、靜靜的徘徊

紅葉爲她塗胭脂
白雲爲她抹粉黛
秋，靜靜地徘徊」《嫵媚》

三、秋　詞

「桂花飄又來這小小的園裡
苦的心腸、死的靈魂，也有沉醉意
誰的青春、誰不憐惜
苦惱又誰人替
往日的歡樂、甜蜜的笑語
就永遠沒有歸期」《傷懷》

四、秋　蓮

「秋風瀟瀟、秋水無言

小屋中的秋蓮
在這冷暖人間有多少哀怨
秋雲片片、秋雁點點
誰不默默哀憐楚楚的秋蓮」《情致》
總歸是秋天、總歸是秋天。一切在此收攝、在此默默地開放。
〈老歌其味彌永，俗情亦頗可親〉

曲中人生

一下午，我們在包廂裡盡情歌唱；放懷的是心情，放開的是人生。流行歌曲、俗情世間、兒女心事，迴盪在小小空間；千芳百豔般的人生，以酸甜苦辣的滋味，隨著一首首歌曲呈現。

你聽！

「最初的心，是守在簾後安安靜靜的寂寞
當繁華退盡

誰的癡、誰的怨
皆不過風煙一抹」

幽幽唱來，這是怎樣的情境？

你再聽！

怎麼說「青春只剩一點眼淚」？怎麼說「青春依舊是羊入虎口」？

你又如何詮釋「最黑的黑，是背叛；最痛的痛，是原諒」？

又何謂「你給不起的未來，我來告別」？既然「假裝生命中沒有你」，又何必問「是不是你偶而會想起我」？

怎麼表達「情債怎樣計較輸贏」或「牽手和分手，來自同一雙手」的心聲？

繼續唱！

何謂「放愛一條生路」？爲何「逃不出情網」？「帶走你的自由、和我的祝福，離開」，歌曲能和現實一致嗎？

再問「刻骨銘心，就被你，一笑而過」要怎麼唱？何以情愛常是「無言的結局」？「用心良苦」又如何？「風中的承諾」是多麼飄緲！

再唱一曲吧！「所有受過的傷，所有流過的淚；我的愛，請全部帶走」！是這樣嗎？滿滿情愫可以拋向「大海」？引吭高歌，可以跳得出千迴百轉的人生嗎？

流行歌曲、俗情世間、兒女心事……，或許不夠典雅、精緻、幽微；但，曲曲唱來，是這般有血有淚！

歲月雖飄逝無踪，歌曲猶代代傳唱；人生表象有異，惟必然的「訓練」，誰也躲不了！

曲中人生，如此寫實！「海海人生，人生海海」，且彼此歌唱吧！既沒有「圓滿的宇宙」，且以柔情蜜意取代宿怨積憤吧！

美好的午後，三個人，一曲接一曲，「經歷」了多少人生！

戲劇人生

多麼有趣、溫暖又扣人心弦的影片啊！

可惜我是中途看，傍晚六點趕回家，只看到後半一部份。

我被吸引。被小島的氣息、海天一隅的夢想、優美的歌聲、奔放的舞步、幽微又渴求的心靈所吸引。

片中以歌舞串連生命的轉折，「通俗」的劇情卻呈現寫實又深刻的人生。我試著記錄歌詞並穿插自己的感受。

且聽且看：

我有一個夢、我有一首歌
何不盡情演出
讓嘗試改變世界、讓熱情改變生命
讓新流湧入、讓心靈鮮活
讓經歷點亮人生
繼之全心的品味

熱望猶在、活力依舊
唱出夢想、舞出追尋
人生豈可僵滯

日日充滿驚喜
奇蹟翩然降臨

失落刻畫生命、憂傷雕琢靈魂
柔韌的美麗
命運也熱烈的鼓掌

不想再奔跑、不願再倉皇
給自己機會——自由又酣暢的機會

唱醒生命、舞動人生
創造美好——伴此一生——何憾何尤

啊！生命如此酣暢

喜怒哀樂是節奏
悲歡離合是段落
命中注定的相逢與重逢是樂章的高點

且看且聽：
什麼是生命滋味——
「我出盡了每張牌」
爲了「愛」、爲了「給我一個家」
自認「輸家」的心
唱著「真愛無怨」

金光閃閃的大海背景
紅巾飄揚
幾許蒼老

掩不去豐饒的情韻與風華
顫抖之音、顫抖之手
輕輕綻開最深沉的悸動……。

似幕啓幕落：

婚禮令人莞薾
歡樂中上演著「造化弄人」
變化即是人生、人生即是變化
達觀、包容、勇敢、誠實
將爲人生翻案

是的，「我願意」
身在情在，終成眷屬

是的，「只要在一起」
誇張的戲劇手法
愛從螢幕溢出……

希望與力量，源自
我有一個夢
想唱一首歌
我將涉水渡溪
〈啊，豈不聯想詩經蒹葭「所謂伊人，在水一方」〉

再聽再看：
命運轉來轉去
誰不「慘遭滑鐵盧」

被猝擊、被打敗
逃也逃不了
就接受命運註定的一切吧！

且面對生命的「滑鐵盧」
且懷「輸了也要感覺大贏」之心
繼續高昂的歌聲與舞步！
意猶未盡、意猶未盡……！

〈「媽媽咪呀」「媽媽咪呀」，戲劇人生，人生戲劇；笑中有淚，淚中有笑。〉

它們在說些什麼

一曲曲的歌，它們到底在說些什麼？
你聽：「風再大吹不走囑咐

雨過了就有路
像那年看日出
你牽著我，穿過了霧
教我看希望就在
黑夜的盡頭。
哭過的眼
看歲月更清楚
像一個人閃著淚光
是一種幸福。」
你聽：「無關風月
我題序等妳回
手書無愧
無懼人間是非。
情字何解

怎落筆都不對
而我獨缺
妳一生的了解。」
再聽：「天頂的月娘啊
你甘有塊看
看阮的心肝啊
爲何塊作疼！」
再聽：「茫然走在海邊看那潮來潮去，
徒勞無功想把每朵浪花記清……。」
一曲曲的歌，它們到底在說什麼？
流行歌曲，唱盡俗情世間的生命故事；或幽幽、或激越，將多少胸中塊壘，逐一點點消除……。

在放歌此際，不知卻爲何想起此詩：「昔我往矣，楊柳依依；今我來思，雨雪霏霏。」但覺箇中情味，含納一切；會心不能言，我們就一起來唱，好嗎？

「雨下了走好路

這句話我記得

風再大吹不走囑咐！」

生命，似是連串音符，且容我們將生命中的酸甜苦辣，盡付一唱！

我看「一路玩到掛」

多年前，我曾看過傅偉勳教授的「生命的學問」一書，傅教授現身說法，談自己與淋巴腺癌搏鬥的生死體驗。書中對一生所學乃至親身實踐描述真切，他把學問用在自己的人生中，展示的智慧與勇氣，令人動容。

數年前，也曾自不量力的在報端發表「死生初探」四篇。現在讀來，能理解自己的哀感〈執筆時，母親棄養〉；但侈談「生死之理」「盡性之道」，何曾深透其中、又何曾參透箇中真諦？

此刻提筆，非探討非說理……。只就此片——「一路玩到掛」，寫一點不得不說的感動。

之前忙錄少有時間心情，窩在沙發看完整部影片〈想來錯失多少佳構〉；現在得閒，陸續發現好的影片有挖掘不盡的寶藏。

「一路玩到掛」，片名平易，內容亦人生舉目之一景：二個背景殊異的人，在病房相遇，彼此都被宣佈只餘短暫時日可活，他們同病相憐、相濡以沫，成了「生死之交」。在巨大的衝擊和艱苦的治療過程後，他們決定自助、互助，列出「人生清單」，期以餘生完成未了的心願。

編導是如此有心，故事雖人生寫照，但，他們顯然積極、達觀又滿懷生命熱情、復哀憫人生匆匆……。如是之情懷方有如是之作品。

兩位主角演技精湛，活脫脫呈現生命的無可確定、無可掌握；即使幽默、「輕鬆」以對嚴峻現實，笑聲之後，仍是俯首默然！

生病——的確是生命中最嚴厲的考驗！「只剩有限時日」，絕對是考驗中的考驗。也許，大多數的人，只是恐懼、不安、無奈、無力……，熬著那些無望又備受折磨的時光……。

劇中的主角，演示的不是「反擊」、不是「抗議」，而是探索另一種可能——誰能限制人生的出路呢？即使被宣判，仍可活得精彩、活出此時此刻的價值；在從雲端掉下來後，在泥濘中爬起來，四顧茫茫中，竟然浮出一線光亮——趕快去做、立刻行動，實現「此生念念不忘的一切」。

這就是我看到的主題：如何乍然接受人生從彩色到黑白？如何以餘力再把黑白轉換成一片絢麗？

是的，我看到了在病房中展開的生命價值，以及在病苦中敞開的心門。素昧平生的二人從此對話、互訴平生……。這是人間溫暖的開始。

病房中，痛得全身發抖是人生；理解與鼓舞的眼神是人生；所有的驚疑、否認、憤怒、哀傷……都是人生！

「救命」的仙丹何在？或不在森冷的手術房、醫生匆匆的身影、護士例行的照護、親友點水的來去……。

他們決定在剩下的時間裡，自己作一次主——爲自己活一次。

他們勇敢的問：「我只想知道自己還能活多久？」「我的人生就這樣了嗎？」「頑強的生之眷戀」，使他們不願再用力氣於承受各種治療的痛苦或瞪著天花板數日子……。

他們的「自救」是：

我要目睹「雄偉壯濶的景物」！

我要「笑到淚流不止……」！

我要去嘗試之前躍躍欲試、卻猶疑錯過的東西……！

我要實踐內心深處未了的渴望……！

二人一起擬訂「人生清單」。他們要互相協助，完成心願。

「不苟延殘喘」「不坐以待斃」「永遠不嫌晚」……讓他們付之行動。

築夢計畫開始！

空中跳傘中，「我要飛囉」「我覺得自己正陷入愛河」的重複呼喊，正是最強烈的生命滋味！

刺青的疼痛算什麼，二人互謔「能再活五分鐘就偷笑了」！他們大力放掉長期的各種捆綁、束縛、社會觀感、眾人印象……。

賽車中的釋放，那極致的挑戰自我——衝啊！真像回到了處處初體驗的輕狂歲月！

此時，更讓人動容的是，那曾不可一世、極端自我的大老闆，終於流露了內心的「柔軟」，再也無法掩飾對心愛女兒的思念，也終於在人生清單中加入「恢復聯絡」一項。這是在觀看一個多小時後，我首度落淚。

我們當如何看待生命中的「破洞」、如何修補它？不慮成敗，就是回頭——回頭示愛，表達當年不能愛、不懂愛或方式錯了的內疚。

二人都體會了人生時時「今非昔比」，一切都在慢慢失落中、一切也都在慢慢修復中。

他們去南非，在大草原上和動物一起奔馳。

他們去埃及，在「雄偉壯濶的金字塔」前看宇宙、思生命。

他們走出病房，以新的視野，去看世界、看人生，並賦予新的價值。

劇情此處再攀一座高峰：

你是否在生命中尋到喜樂？

你的生命是否爲他人帶來喜樂？

編導提出這一點——透露多麼深刻、豐富的訊息！

找尋生命中的喜樂吧！「去幫助一個人做好事」「在彼此的生命中找到喜樂」！當不再忿怒批判、當超越恩怨是非，生命的創傷自會痊癒，痊癒後的心靈，才有喜樂湧入，才能安詳離去，帶著「找到自己的喜樂」與「助他人喜樂」的心，閉上雙眼，「讓支流回歸生命大河」。

我不知道生命起點與終點的「終極」是什麼？惟最真切與最珍貴的是——清醒的列出自我的「人生清單」，淋漓盡致的完成它！至少，以生命的柔情蜜意掃去人生的宿怨積憤……。

主體生命，何有遺憾？

後記

是什麼力量？寫著、寫著，就寫了一百六十篇了；鍵盤的敲打，聲聲如一場生命之旅。

起心在一張卡片：「親愛的老師，再回學校，沒見到您；現在，又聽說您退休了，我要到那裡去找您呢？」

動念在一通電話：「親愛的母親，現在，讀您的文章，已是我精神的依託，請您，寫下去吧！」

付諸行動的決心，在暮春時節，漫步後山，驀見前時的枯樹，竟已遍生新芽！點點綠意，似真似幻；遙望大千，雲煙蒼茫，似實似虛；但樹下的我，卻清晰的感到天地裡不絕不滅的生機——時間流逝帶不走的生機；它如種子，

生生不已的種子，在蕭索的心田，蘊蓄著再綻放的夢想。

這小小一粒，生機猶存的種子，不爲爭妍、不爲競豔，只爲再「活」一次、爲滾滾紅塵再添一絲春意、爲靈魂再增一次壯遊、爲生命再一次款款繾綣……。

建立一個部落格吧！讓有心的同學，在此與我重聚，我們可以「取諸懷抱」、可以「因寄所託」，隨時或靜或動，或冥想或浪跡，或忠告或戲言……，也在此與我馳騁性情，與造化同遊……。

嚮往那種浩蕩！嚮往那種真切！

如是，何嘆停不住的年華！何嘆留不住的世事！何嘆挽不回的「賞心樂事」「良辰美景」！

我沒有上窮碧落下黃泉去思求題材，但，生命之哀樂、人生之榮枯、生活之悲歡、自然之演化……；眼所觸，筆所及；心所繫，手所至；一一敲打出來，靜夜裡抑揚如樂曲——我亦在此一首首的心曲中，輕輕地鼓舞著自己。

因爲檢視生命、體驗生命，何辭現身說法？承擔必相伴柔情，篇篇寫來，雖不至「淚與墨齊下」，惟孤燈苦心，幾度不禁！

尤其意外看到互動的心語時，更是寶愛珍惜！但覺如是之邂逅，豈止回味不盡？即使一閃而逝的火花，也爲悠悠行旅增加了多少姿彩。

很多時候，我在捷運車上找筆疾書；很多時候，我是在堤邊散步偶有興會；也很多時候，我從電視機前轉至電腦，藉按鍵的手，逐漸平穩我的心跳……。

寫著、寫著，一百六十篇了；感覺，越來越靠近自己；感覺——蛻變、再造、復甦、新生……。長繭的手使我心靈活躍，我如縱身大化，與茫茫共存；雖無以盡悉人生「實相」，卻稍稍釋放了身心的枷鎖；退休窩居，毫無自限。

感謝與我共渡這數月的朋友，以及我的學生〈多少學生已成爲可貴的心靈之友〉，我的兒女。感謝你們非輕嚐，感謝你們能深味、能挖掘、能善體我字字行行中迴旋的心意。

今日清晨出門，雖寒風撲面，呼吸間卻充滿生命的鮮活之感。朋友們啊！我雖回顧、我雖依依，惟無求無待，但盡性命。笑思往事，寸心自知；夢醒情仍在，我樂意人生有歌有淚。

提筆有時，擱筆亦有時。如斯交會，何可忘懷？